ちくま新書

はじめてのアメリカ音楽史

ジェームス・M・バーダマン
James M. Vardaman
里中哲彦
Satonaka Tetsuhiko

JN259839

1376

はじめてのアメリカ音楽史【目次】

はじめに

I hear America singing,
the varied carols I hear
—— Walt Whitman

アメリカが歌っている
さまざまな歓喜の歌が聞こえる
—— ウォルト・ホイットマン

仕事に歌があった。休息にも歌があった。
苦難に歌があった。歓喜にも歌があった。
歌声は風に吹かれ、山に響き、川を渡った。
歌には、いつもアメリカ人の魂が宿っていた。

アメリカの歌は、アメリカという国について語られたオーラル・ヒストリー（口述によって伝えられた歴史）である。

ご存じのとおり、ブルーズ、ジャズ、ロックンロールなどのアメリカン・ミュージックは、アメリカの黒人たちにその源流を求めることができる。アメリカが生みだしたポピュラー音楽は、アフリカから連れてこられた黒人奴隷がいなければできあがらなかったものだ。

ジェノヴァ（ジェノア）生まれのイタリア人、クリストフォロ・コロンボ（クリストファー・コロンブス）が、ヨーロッパ人にとっての「新大陸」を〝発見〟したのが1492年。むろん、アメリカ先住民（インディアン）たちは〝発見〟される以前に音楽をもっていたが、ヨーロッパ人との文化的融合がなされなかったため、先住民の音楽が現代のアメリカン・ポピュラー・ミュージックに与えた影響はごくわずかだ。

先住民たちが音楽そのものに求めたものは、狩猟や農業の道具と同じで、生活に不可欠な「実用」である。ハーモニーではなくコミュニケーション、旋律ではなく音の威力が優先された。

いっぽう、アメリカに渡ったヨーロッパ人の音楽は、まず「祈り」のためであり、次に

「娯楽」のためであった。精神生活にうるおいを与える糧として音楽にいそしんだのである。

こうした理由をかんがみて、本書はアメリカ音楽の端緒を「アメリカ建国」のころに求めている。

この数年、私は英米のポピュラー音楽史を研究してきたのだが、頭のなかでは理解できても、実感が伴わないことがたびたびあった。

トータルにわかっている人がどこかにいないものかと思案しているとき、たまたまうってつけの研究者とお会いしたのである。それもアメリカン・ルーツ・ミュージックの聖地、テネシー州メンフィス生まれときている。

それからというもの、お会いすればかならず質問攻めにしたのはいうまでもない。しかし、先生はどんな質問にも嫌がらず、快く応じてくださるのだった。

対談相手をつとめてくださったのは、アメリカ南部の研究者、ジェームス・M・バーダマン氏である。該博な知識だけでなく、対象をとらえる深い洞察力で、私という小舟をアメリカ音楽史という大河のなかにいざなってくださった。

本書は大きなテーマを取りあげているため、はじめに少しばかり水先案内をしてみたい。

①アメリカ音楽の大半は「南部」がつくりだしたものであり、多民族性（混血性）がその本質であるが、そのほとんどすべてに「黒人」が関与している。

②アメリカ音楽を理解するには、「黒人の歴史」を知らなければならない。

③ゴスペル、ソウル、リズム＆ブルーズなど、1920年代から60年代にかけてのミュージック・シーンは「黒人教会」なしには語れない。

④アメリカ音楽の南部から北部への広がりは、「ミシシッピ川」から見るとよくわかる。

このような共通認識によって話がすすめられている。これらをキーワードにすれば、アメリカン・ルーツ・ミュージックへの水路が開かれると考えたわけである。

なお、「南部」とは一般に、南北戦争のときにアメリカ南部連合に属していた11州、すなわちヴァージニア、ノース・キャロライナ、サウス・キャロライナ、テネシー、ジョージア、アラバマ、ミシシッピ、ルイジアナ、アーカンソー、イースト・テキサス、ノース・フロリダを指し、なかでもサウス・キャロライナ、ジョージア、アラバマ、ミシシッピ、ルイジアナの5州を「深南部」（ディープサウス）と呼んでいる。

アメリカ音楽史を大河の流れのように捉えることに力点をおいたため、人気ミュージシャンの名前にふれずじまいに終わったうらみはあるが、本の性格上、ご寛恕《かんじょ》いただきたい。また、ジャンルをクロスオーヴァーするミュージシャンをひとつのジャンルにおさめてしまったことに違和感をもつ読者もいようが、これも便宜上のものゆえ、ご海容をたまわりたい。

なお、本書は、対談にありがちな言葉たらずや勘違いをなくすため、あらかじめ加筆および訂正をしてあることを付しておく。

本書によって、みなさんが日ごろ聴いているアメリカン・ミュージックへの理解がよりいっそう深まれば、語り手としてこんなにうれしいことはない。

*

最後になるが、音楽評論家・中村とうよう氏（故人）の『アメリカン・ミュージック再発見』（北沢図書出版）や『ポピュラー音楽の世紀』（岩波新書）をはじめとする多くの論考に敬意を表したい。氏の「大衆音楽」をとらえる批評眼は、あくまで低く、かぎりなく広いものであった。多くのインスピレーションを与えてくださったことに学恩を感じている。

ブルーズ・ギタリスト、横山一明さん（Bon Temps Roule）にも感謝の意を述べたい。30年にわたって、さまざまなブラック・ミュージックを聴かせてくれたばかりか、その魅力を飽かずに語ってくださった。

筑摩書房ちくま新書編集部の河内卓さんにもお礼を述べたい。鳥の目と虫の目の両方をもって、本書全体を眺めてくださったばかりか、ヒップホップの最新情報をわかりやすく解説してくださった。また、カリブ海の音楽にもくわしく、それらがアメリカのポピュラー音楽に与えた影響についての話を聞くのがこの一年の楽しみであった(アメリカン・ルーツ・ミュージックとカリブ音楽の関係については、紙幅の都合で割愛せざるをえなかった。別の機会に論じてみたい)。

そのほか、町田明啓、寺部真理、キャサリン・A・クラフト、服部"Fats"高好、出川有、小林泰、松岡完、遠山修司、芳田耕平の各氏には、貴重な資料および情報の提供をたまわった。記してお礼を述べさせていただく。ありがとうございました。

里中哲彦(さとなか・てつひこ)

《付記》

一、〔 〕は曲名を、『 』はアルバム名、書名、映画名、放送番組シリーズ名を示している。

二、曲名の表記については、すでに定着しているものを採用した。たとえば、原題〔Lover, Come Back to Me〕は、〔ラヴァー・カム・バック・トゥー・ミー〕とせずに、邦題〔恋人よ我に帰れ〕としてある。また、なじみのないものは原題（英語）のまま表記している。

三、英文の日本語訳はすべて里中がおこなった。わかりやすい表現に意訳した箇所があることをあらかじめお断わりしておく。

四、読者によってはカタカナ表記に違和感をもつことがあるかもしれない。たとえば「ブルージー」という言葉に見えるように、"Blues"の末尾の「s」は濁音である。また、アレサ・フランクリンの"Aretha"は「アレサ」ではなく、「アリーサ」である。慣用を尊重しながらも、原語の発音に近づけるようにしていることにご理解をたまわりたい。

本書に登場する主な場所

第1章

アメリカン・ルーツ・ミュージックの誕生

There's a song that will linger
forever in our ears
Oh, hard times come again no more
Hard Times Come Again No More
Stephen Foster

歌が流れている
永遠に耳に残る歌が
つらい時代よ　二度とやってこないでくれ
〔すべては終わりぬ〕
――スティーヴン・フォスター

1　アメリカ音楽の創成期

†アメリカ先住民の音楽

里中哲彦（以下、里中）　アメリカが建国されたのは1776年。いまから240年ほど前のことです。貴族社会も大聖堂も存在しない広大な原野に、現代とのつながりをもつ「アメリカン・ミュージック」はまだ存在していません。

ジェームス・M・バーダマン（以下、バーダマン）　ヨーロッパ人たちが入植するまえから、ネイティヴ・アメリカン（アメリカ先住民・インディアン）はアメリカ大陸で暮らしていたわけですが、彼らは白人たちと文化的に混じり合いませんでした。

里中　ヨーロッパ人がアメリカ大陸に渡った15世紀には、現在の合衆国地域に100万人の先住民が住み、その部族数は少なくとも300を超え、それぞれが独自の生活様式をもっていました。また、隣の部族とは異なる言語を話し、おもに狩猟や漁業を中心とした自然人のような生活をしていた。彼らの音楽とはどのようなものだったのでしょうか。

バーダマン　個人がそれぞれ超自然的な守護者をもっていて、霊的な世界からまじないの歌（メディスン・ソング）を得ていました。戦いの叫び、動物の鳴き声をまねた声、狩猟をするときの喉声《のどごえ》など、音を伝達の生活道具として用いていたという共通点があります。

里中　彼らにとって、音は「威力」であり、音楽は「呪力」だった。娯楽としての音楽という概念はなく、神事、呪術だったというわけですね。

バーダマン　アラン・ローマックス（民謡収集家）によれば、彼らの歌い方は「声を張りあげて歌う」のが特徴であり、「際立って力強い性格」をもっていたようです。戦闘の儀式の際には、声のほか、太鼓、ガラガラ（卵のかたちをした中空の木製楽器）、縦笛などが奏でられた。打楽器が中心だったことから、高さが異なる複数の楽音がひびく音、つまり和音（コード）もなかった。また、文字をもたなかったので、譜面に記すこともなく、記憶と口伝えによって伝承されました。ヨーロッパ人の目には、生活様式と同様、そのような先住民たちの音楽は、野蛮なものとしか映りませんでした。だから、先住民たちは現代アメリカン・ミュージックの成立にほとんど手を貸していません。

里中　のちの世代になると、自然の精霊を称える歌や叙事詩、子守歌、恋歌などが吟じられるようになりますが、それらも彼らのなかにとどまって、入植者たちがその影響を受けることはなかったようです。

バーダマン　イロクォイ族やナバホ族などの歌は、のちにレコーディングされて評判を呼びましたし、『Sacred Spirit: Chants And Dances Of The Native Americans』などのアルバムを聴くと、朗詠する声に心を奪われます。しかし、現代のアメリカ音楽につうじる要素はほとんど見いだされません。

†英国系ミュージックの影響

里中　英国人によるアメリカ大陸への移住が本格的に始まったのは17世紀の初頭のこと。ピルグリムズ（最初期の植民者）は華美な宗教音楽をしりぞけ、聖書の詩篇を無伴奏で簡素に歌唱するだけでした。しかし、17世紀も後半にさしかかると、厳格なピューリタンの理想主義にも妥協が生じはじめ、ハーモニー歌唱が主流になっていきます。

バーダマン　ええ。その後、「合唱曲集」（テューン・ブックス）が編まれ、歌唱教師たちが教会や学校を訪れ、シンギング・スクールを開くようになります。

里中　18世紀に入ると、音楽は教会の占有物であることをやめ、世俗に広がっていきますが、これはどういった音楽だったのでしょうか。

バーダマン　宗教の歌〔The Old Hundreds〕、失恋の歌〔グリーン・スリーヴス〕、悲恋の歌〔バーバラ・アレン〕などです。バラッド（ballad）が多かったようです。

里中　バラッドというのは民話的な筋書きをもった歌謡のことですね。

バーダマン　当時、バラッドもそうですが、ヒム（賛美歌）やフォーク・ソング（民謡）のほとんどは、イングランド、スコットランド、アイルランドから入ってきています。

里中　やがて余暇が生じるようになると、音楽を楽しもうとする兆しを見せはじめます。

バーダマン　活動の場所を求めてヨーロッパから職業音楽家が来航すると、大都市の邸宅では演奏会が開かれるようになる。上流階級の舞踏会では、ヨーロッパ伝来のマーチ、ワルツ、ポルカなどが演奏され、『乞食オペラ』なども上演されました。オペラといっても、壮麗なものではなくて、歌芝居にちかい庶民的なバラッド・オペラでした。

里中　そうしたなか、庶民のあいだで「流行歌」が登場するようになりますね。独立戦争（1775〜83）のころは〈ヤンキー・ドゥードゥル〉が人気があった。日本では〈アルプス一万尺〉のメロディとして知られています。

バーダマン　アメリカにおける最初のヒット曲でしょうね。もともと本国のイギリス人たちが植民地のヤンキー（アメリカ人）を揶揄《やゆ》したものでした。ドゥードゥルは、dolittle（ろくでなし・ちゃらんぽらん）が訛《なま》った軽蔑語で、最初はイギリス軍がアメリカ人をからかって歌っていたのですが、その陽気なメロディがすっかり気に入ってしまったアメリカ人が自分たちの軍歌にしてしまったという面白い来歴があります。

†南北戦争の愛唱歌

里中　そして、19世紀の半ばになると、アメリカは南部と北部に分かれ、あしかけ5年にわたって南北戦争（1861〜65）をくりひろげます。日本人の認識では、南北戦争は「リンカーン大統領による奴隷解放のための戦争」ということになっていますが、じっさいはどのようなものだったのでしょうか。

バーダマン　南北戦争での死者の数は62万3000人にものぼりました。第二次世界大戦のアメリカ人犠牲者が41万人ですから、いかに壮烈な内戦であったかがわかるでしょう。この内戦のもっとも大きな要因は「経済」です。南部が奴隷を労働力とした農業経済を営んでいたのに対し、北部ではすでに工業化の時代に突入していた。北部は、南部にいる黒人労働力をほしがりました。利害の対立した南部7州が、アメリカ合衆国から脱退すると宣言、それを許さぬ北部との戦闘状態に入っていったわけです（開戦後、さらに4州が南部連合に加入）。

里中　結果、南部が負け、奴隷が解放された。しかし、奴隷解放は新たな人種差別を生むことになりました。これがブルーズの誕生につながるのですが、その話はまた機会をあらためましょう（ブルーズの成り立ちについては第3章で詳述）。

バーダマン　南北戦争は、数々の歌を生みだしました。ヨーロッパから軍隊行進曲はすでに入り込んでいましたが、このころになるとヨーロッパからの移民たちが自前で曲をつくるようになります。

里中　なかでも〈ディキシー〉が有名です。ダン・エメット（Dan Emmett, 1815-1904）が書いたミンストレル・ショーのヒット曲で、映画『シェーン』でも使われています。

バーダマン　もともと北軍の人たちが歌っていた明るく勇壮なメロディの歌ですが、南北戦争が始まると南軍の軍歌となりました。ディキシーとは、ジョージア、アラバマなどの南部諸州を指します。南軍には名曲がたくさんあって、〈オーラ・リー〉や〈テキサスの黄色いバラ〉など、いまも愛されている楽曲がたくさんあります。

里中　〈オーラ・リー〉のメロディは、ウェストポイントの陸軍士官学校の卒業の歌〈アーミー・ブルー〉になりましたね。

バーダマン　エルヴィス・プレスリーのヒット曲〈ラヴ・ミー・テンダー〉にもなった。

里中　いっぽう北軍の歌というと、〈リパブリック讃歌〉〈ジョニーが凱旋するとき〉のような行進曲が有名ですね。

バーダマン　〈リパブリック讃歌〉は、アメリカ合衆国の愛国歌になったばかりか、選挙の応援歌としてさまざまな替え歌がつくられ、いまも親しまれています。〈ジョニーが凱旋するとき〕は現在でも親しまれていて、『風と共に去りぬ』『博士の異常な愛情』『西部開拓史』『ダイ・ハード3』『7月4日に生まれて』などの映画の挿入歌にもなっています。もっともこれは南軍の兵士にも歌われていましたが。〔ジョージア行進曲〕は、南北戦争末期から戦後にかけて人気を得ました。

里中 〔リパブリック讃歌〕は、日本では歌詞が替えられて〔おたまじゃくしはカエルの子〕になっています。〔ジョージア行進曲〕も日本に輸入され、「ラメチャンタラ／ギッチョンチョンデ／パイノパイノパイ……」で有名な〔東京節〕のメロディになった。

バーダマン ともに日本人にも受け入れられるほどいいメロディだったというわけですね。

ワシントンD.C.の北軍予備役軍団の楽隊（アメリカ議会図書館蔵）

†南北戦争後の人気曲

里中 南北戦争が終わると、「ロング・ドライヴ」といわれる長距離の牛追いの歌も流行します。この牛追いたちは、どのようにして現われたのでしょうか。

バーダマン 南北戦争のあいだ、男たちが戦場に駆り出されたので、数千万頭の牛たちが放牧されたままの状態でした。そこで、抜け目のないテキサスの荒くれ男たちは、それらの牛を売ることでひと儲けすることを考えた。カンザス州やミズーリ州の鉄道駅まで牛の群れを運べば、北部や東部の食肉業者に高値で売れたんです。

里中　しかし、当時のカウボーイの仕事はたいへんだった。きついし、きたないし、危険。そのうえ、風雨にさらされるし、野宿をしいられる。一度に千頭もの牛を移動させることもあったようですね。だから、ひとりじゃできない。とうぜん、隊を組む。血の気が多い若者たちばかりだから、ケンカは日常茶飯事。牛を売って大金を手にすれば、酒場や売春宿でハメをはずす。1880年代の半ばまで、こうしたロング・ドライヴは20年ほどつづいたといいます。そんななかで生まれたのが、〔オールド・チザム・トレイル〕であり、〔カウボーイの哀歌〕でした。とはいえ、メロディはあちこちから借用したものでした。

バーダマン　いまでこそ、カウボーイは馬に乗って荒野を駆けめぐる颯爽とした男としてイメージされていますが、じつは貧乏で粗野な連中が多かった。しかし、酒場や売春宿は活気づき、先ほど里中さんがいったように、カウボーイのつくった歌、カウボーイのことをうたった歌がポピュラー・ソングとして残りました。

里中　いっぽう高貴な人たちのあいだでは〔舞踏会のあとで〕がヒットしました。19世紀後半の最大のヒット曲でしょうね。

バーダマン　チャールズ・ハリス（Charles Harris, 1867–1930）が作詞作曲したものですね。

里中　舞踏会へ恋人と一緒に行ったけど、席をはずして戻ってみると、彼女は別の男と親しく踊っている。それを見て「私」は身を引き、生涯、独身をつらぬく。彼女が亡くなったあとに、相手の男から手紙が届く。そこには、自分は彼女の兄だ、と書いてあった。そうした舞踏会での悲劇がつづられています。

バーダマン　当時、舞踏会は白人男女の出会いの場所であり、社交場でもあった。〈舞踏会のあとで〉は美しいワルツ曲。シート・ミュージック（楽譜）は数年で、500万枚も売れたそうです。作曲者のチャールズ・ハリスはニューヨーク生まれのソングライターで、センチメンタルなバラッドを数多くつくっています。

メリーランドの慈善舞踏会（1880年、アメリカ議会図書館蔵）

里中　出世を祝うような舞踏会では、現在は国歌となっている〈星条旗〉も演奏されていた。

バーダマン　〈星条旗〉は、酒飲みたちの歌〔天国のアナクレオンへ〕のメロディをアレンジしてつくられました。そして、1931年に〝昇格〟して、アメリカ国歌になった。

里中　酒飲みたちの歌が国歌となったというのは面白いですね。ところで、このようにしてアメリカではおびただしい数の人気曲が生まれたわけですが、作者のわかっているものもあれば、わかっていないものもある。圧倒的多数はわかっていない。なぜでしょうか。

バーダマン　歌がお金になるだなんて、誰も思っていなかったからでしょうね。ましてや著作権などという意識もなかった時代でしたから。

2　フォスターとポピュラー音楽

†ポピュラー音楽の祖、フォスター

里中　アメリカに、音楽を含む娯楽産業が生まれたのは、独立戦争（1775〜83）を経て、米英戦争（1812〜15）が終わってからのことです。この二つの戦争により、アメリカは政治的にも経済的にもイギリスから自立していく。産業が勃興し、交通網が整備されると、アメリカに「都市」なるものが出現します。

バーダマン　都市ができると、商業娯楽が芽を吹きます。楽曲がポピュラーになるには、楽曲が商品化される「市場」が必要です。都市がその市場になり、ポピュラー音楽（大衆音楽）が誕生するわけです。

里中　「ポピュラー音楽の元祖」といわれているのがスティーヴン・フォスター（Stephen Foster, 1826–64）です。家庭歌謡のパーラー・ソング（parlor songs）を135曲もつくっています。

バーダマン　パーラー・ソングというのは、アイルランドやスコットランドの民謡の流れをくむ郷愁歌や上品な音色のラヴ・ソングのこと。家庭の居間（パーラー）で演奏されたのでそう呼ばれました。フォスターは自分自身が作詞作曲したものを一般大衆に向けた（ポピュラーな）商品として出版した。フォスターの時代にはまだレコードは存在していませんから、彼は印刷した楽譜を売ることで生計を立てていた。

里中　フォスターは歌をポピュラーにすることに成功した最初のアメリカ人ですね。

バーダマン　また、歌をつくるのを職業にした最初のアメリカ人でもある。

スティーヴン・フォスター

里中　フォスター以前には、現代的な意味での作曲家、つまりプロの作曲家は誰もいませんでした。もちろん作曲家の権利を保護してくれる「音楽著作権協会」なるものもありません。ポピュラー音楽はまだ紙、つまり楽譜のかたちで売られていた。円盤型のレコードが登場するのはずっとあとですが、フォスターの時代になってはじめて、歌が商品化される市場ができたといえます。

†フォスターの音楽

バーダマン　フォスターが生まれたのは1826年7月4日。アメリカの50回目の独立記念日でした。フォスターは幼いころから並々ならぬ音楽的才能を見せていて、横笛、ギター、クラリネット、フルートなどを奏でるいっぽう、作曲にも精をだしている。とくにフルートが好きで、15、16歳のころよりフルートで旺盛に曲をつくりはじめています。

里中　〈おお、スザンナ〉〈草競馬〉〈スワニー河〉(別名〈故郷の人々〉)〈ケンタッキーのわが家〉などの作者として日本でも親しまれています。曲の展開は、ほとんどがAABAの形式で、これはスコットランドやアイルランドの民謡と同じですね。

バーダマン　なかでも〈おおスザンナ〉は広く人々に愛され、ゴールドラッシュでカリフォルニアへ殺到した開拓者たち、いわゆる「フォーティ・ナイナーズ」(1849年組／金鉱探しのあらくれ者たち）の愛唱歌にもなりました。

里中　その曲には面白い逸話があります。1841年にアメリカ船に救助された漂流民ジョン万次郎はゴールドラッシュに馳《は》せ参じたひとりですが、帰国後、1852年に〈おおスザンナ〉を日本に伝えているんです。ジョン万次郎は、アメリカの歌を日本に紹介した最初の人だった。

バーダマン　〈おおスザンナ〉は、アラバマからルイジアナへ旅したという内容ですが、フォスターは南部の生まれではありません。彼はピッツバーグ近郊（ペンシルヴェニア州）生まれのアイルランド系の白人。しかし、南部、そして黒人のことを歌詞にしています。

里中　空前の大ヒットとなった〈スワニー河〉は、別名〈故郷の人々〉とも呼ばれていますが、フォスター自身はスワニー河どころか、フロリダ州へもジョージア州へも行ったことがなかった。

バーダマン　地図の上でしか知らなかった。南部へは新婚旅行（1852年）でニューオリンズまでの船旅をしただけ。ミシシッピ川を流れてね。

里中　フォスターは生涯におよそ200曲（発表したのは189曲）ほどつくっていて、アメリカ人のフォークロアにつながる、胸に響く旋律をたくさん書きあげています。

バーダマン　それらはミシシッピ川が運んできたアメリカ南部のイメージを色濃く反映さ

せている。

里中　フォスターがいまなおアメリカ人たちに「古き良きアメリカ」のイメージを与えているのもよくわかりますね。

バーダマン　しかし、ミンストレル・ショーへ曲を提供したということや、歌曲において人種差別的表現があるということで、フォスターは長いあいだ、偉大な音楽家とはみなされませんでした。

3　ミンストレル・ショーという大衆芸能

†ミンストレル・ショーとは何か

里中　ミンストレル・ショー（Minstrel Shows）は、アメリカにおける19世紀最大の商業娯楽ですね。

バーダマン　一般の日本人には、ミンストレル・ショーといってもなじみがないと思いますが、アメリカ人ならかならず耳にしたことがある19世紀半ばに誕生した大衆芸能です。白人が黒人に扮して、歌や踊り、話芸や寸劇などを見せる演芸で、黒人に対する軽蔑と揶揄をあからさまに売りものにしていました。18世紀の末ごろに、サーカスで演じられていたアントラクト（entr'acte＝幕間の演芸）に始まり、1840年代に成立した。50年代に大衆化し、60年代に最盛期を迎えている。ショーの多くはテントの中でおこなわれ、町から町へと移動し、なかには海外にまで出かける一座もありました。

里中　日本へも来ているんですよ。横浜、箱館（函館）、下田、那覇などでショーが開催されている。その名も「ジャパニーズ・オーリオ・ミンストレルズ」。おそらく日本で聴かれた初めてのアメリカ音楽でしょう。1854年（嘉永7年）、日米和親条約の締結をしようと二度目の来航を果たしたペリー提督は、交渉にあたった日本人たちを接待したのですが、そのときの様子を記したもののなかに、「黒ん坊《クロンボ》踊り」（Ethiopian minstrel show）というものについての描写がある。ペリーは日記に「林（大学頭《だいがくのかみ》）の厳粛ささえも、このひじょうに面白い見世物が起こした陽気な楽しさに逆らうことはできなかった」と記している。日本でもたい

ミンストレル・ショーのポスター（1899年、アメリカ議会図書館蔵）

「黒船絵巻」に描かれたミンストレル・ショー（神奈川県立歴史博物館蔵）

へんウケたようです。幕府要人のひとりは、彼らと一緒に「ポルカに興じていた」そうです。絵も数点、残されており、顔を黒く塗った9人の男が、椅子に腰掛けて演奏している様子を描いたものもある。フォスターの〔主人は冷たい土の中に〕や〔草競馬〕などの歌曲が演奏され、戯曲〔リヨンの娘〕に基づく喜劇なんかも演じられました。

バーダマン　19世紀のエンターテイメントに、サーカスと並んで「ショーボート」(Showboat)というのがありますが、そこでもミンストレル・ショーはくりひろげられました。ショーボートというのはミシシッピ川を往き来する巨大な外輪船で、川面を流れる一種の移動劇場です。ミンストレル・ショーは、陸地だけでなくミシシッピ川を流れる船上でも人気を博しました。

†「ブラックフェイス」と差別

里中　ミンストレル・ショーの役者は、顔を炭で黒く塗って舞台に立った。

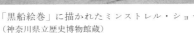

バーダマン　そうすることで、白人が黒人になりきったのです。アルコールに浸して焼いたコルクを粉末にして、それに水を加えてペースト状にしたものを、顔とか首や手に塗った。巨大な目玉、広がった鼻、分厚いくちびるを際立たせたその手法は「ブラックフェイス」（blackface）と呼ばれました。

里中　北部の都市に住む白人は、南部の黒人に興味をもっていましたが、日々彼らがどのような生活をしているのかは知りませんでした。「異なる体つきの生きもの」といったイメージしかもっていなかったようです。ミンストレル・ショーは、白人による黒人イメージをつくりあげ、それをステレオタイプ化したといっていい。

バーダマン　ショーに登場する〝黒人〟は、白人たちの恣意的想像力が生んだ産物で、黒人をからかって面白がる白人たちの優越感がよくあらわれていますが、当時のアメリカでは人種差別は違法ではありませんでした。

ミンストレル・ショーの扮装をした男（1890〜1910年頃、アメリカ議会図書館蔵）

里中　ミンストレル・ショーの有名なキャラクターに、白人コメディアンのトーマス・D・ライス（Thomas D. Rice, 1808–60）が演じて有名になった「ジム・クロウ」（Jim Crow）という架空の登場人

ジム・クロウ（1835〜45年頃、アメリカ議会図書館蔵）

物がいます。ボロ服をまとった農園奴隷というのが役どころで、奇妙な表情や動きをして笑いをとった。クロウは「カラス」のことですが、それは「黒んぼ」をからかう蔑称でもあった。

バーダマン　それ以後、ジム・クロウは、黒人のステレオタイプになった。「ジム・クロウ」といえば、いまでは黒人一般を指す蔑称となっていますが、じつはここに由来しているのです。２０１８年前半でもっとも話題になったヒップホップの曲〈ディス・イズ・アメリカ〉のミュージック・ヴィデオでは、チャイルディッシュ・ガンビーノ（Childish Gambino, 1983-）がジム・クロウを思わせる表情やポーズを見せて、いまも変わらぬ白人たちの黒人観を過激に映しだしています。

✝ミンストレル・ショーの音楽的魅力

里中　この大衆芸能が人気を博したもうひとつの理由は、音楽そのものの面白さがあったからですね。

バーダマン　ブラックフェイスだけを売り物にしても、芸がなければ、人気がでなかっただろうし、音楽にしても、心を打つものがなければ、すぐに飽きられていたでしょうね。

里中　ショーで使われていた楽器は、バンジョー、タンバリン、フィドル（ヴァイオリン）……。

バーダマン　それから、笛、ボーンズ（文字どおり動物の「骨」を乾かして、カスタネットふうの打楽器にしたもの）、トライアングル、アコーディオンなどがあり、それらをごた混ぜにして使っていた。スコットランドやアイルランドのフィドル音楽やバラッドがシンコペーションのリズムにのれば、底抜けの明るさのなかに、しぜんとペーソスがただよいます。

里中　ミンストレル歌曲のうち、いまでも耳にすることができるものといえば、〈おおスザンナ〉や〈草競馬〉などのフォスターの曲ですが、フォスター以外の曲といえば、〈わらの中の七面鳥〉でしょうか。日本では、小学校や中学校の運動会で〝オクラホマ・ミキサー〟というフォークダンスを踊るときにかかります。

バーダマン　〈わらの中の七面鳥〉は、もともとはフィドル曲で、1830年ごろからミンストレル・ショーで盛んに取りあげられています。ミンストレル・ショーの録音は当然のことながら残されていませんが、楽譜などを参考にして再現したアルバム『The Early

Minstrel Show』で楽曲の雰囲気をつかむことができます。

†黒人が演じる反転論理

里中　ひじょうに興味をそそられるのは、1840年代から50年代にかけて、黒人みずからがミンストレル・ショーに出演するようになり、南北戦争後には黒人たちが客として見るようになったという事実です。自分たちが笑いものにされているのに、あえてそこに飛び込んでいった。

バーダマン　全員が黒人の一座もできて、〝本物〟であることを売りにしている。ある広告には「アラバマからやってきた7人の奴隷が、北部の友人のもとでレッスンを受けたのち、コンサートを開き、自由を手にしている」とある。

里中　白人が黒人をパロディ化しているうちに、だんだん白人たちが黒人文化に興味をもち、ついには本物を呼んできてしまった。また、黒人は黒人で、内容のバカバカしさにあきれながらも、どうせやるのだったらと、それにノッてしまう。自分自身を嘲笑し、それをつうじて白人の黒人観をもあざ笑ってしまう。

バーダマン　そこに、相手（白人）の稚拙を逆手にとった黒人たちの反転論理を見いだすことができます。

里中　さらに興味をひくのは、黒人たちが、なんとブラックフェイスの化粧をしていることです。彼ら自身にとって、あくまでもそれは芝居のキャラクターであり、現実の自分たちには重ねていないということがわかります。このことは、ペルソナ（仮面）をつければ真実を語ることができる、という芸術の本質に迫っているともいえます。つまり、現実を描かずに真実を描くという芸当を見せているわけです。

バーダマン　芸術はペルソナをとおして真実を語る、というのはどういうことでしょうか。

里中　演劇は「化粧」と「仮装」のうえに成り立っている。舞台に立つものは、その役になりきらなくてはならない。これは歌や演奏を聴かせるミュージシャンとて同じこと。ペルソナ（仮面）をつけて非日常の自分になりきってこそ、エンターテイナーといえます。

†ミンストレル・ショーが残したもの

バーダマン　しかし、隆盛を誇ったミンストレル・ショーも、19世紀後半になると、しだいに疎んぜられ、第一次大戦が始まるころ（１９１４年）には、人種差別を助長するものとして徐々に大衆性を失っていきます。そのころにはすでに教養ある黒人が出始めていました。彼らにとって、ミンストレル・ショーは我慢のならぬ屈辱的なものでした。

里中　とはいえ、日本ではあまり指摘されませんが、ミンストレル・ショーがアメリカ音楽史において果たした役割は驚くほど大きい。

バーダマン　オペレッタ（Operetta）やミュージカル（Musical）だって、ミンストレル・ショーがなければ生まれなかった。ショーのつくり方において、ミンストレル・ショーはミュージカルの先行形態であるといってもいいでしょう。タップダンス（Tap Dance）をはじめとするいまのダンスだって、その多くがミンストレル・ショーの伝統を引き継いでいます。

里中　アメリカらしさを体現している芸能として、よくミュージカルの名が挙げられますが、ミンストレル芸人たちの多くはヴォードヴィル（Vaudeville）へ移り、それをミュージカルへと発展させていった。そういう歴史があります。

バーダマン　ヴォードヴィルというのは洗練されたヴァラエティ・ショー。舞台では、歌、ダンス、パントマイム、曲芸などがくりひろげられた。ニューヨークにパレス劇場ができたころ（1913年）が人気絶頂期で、1920年代に入ると、しだいに映画に押されてしまいましたけど。

里中　映画スターのジェイムズ・キャグニー、ジョージ・ラフト、エセル・バリモアなんかもヴォードヴィル出身。コメディアンのチャーリー・チャップリン、ボブ・ホープ、レッド・スケルトン、ダニー・ケイ。彼らもみなヴォードヴィルを経ています。

バーダマン ところで、世界初のトーキー映画『ジャズ・シンガー』（１９２７年）は観ましたか。

里中 ええ。You ain't heard nothing yet!（お楽しみはこれからだ！）で有名な映画ですね。主人公のユダヤ人青年がジャズ・シンガーを夢みて成功するまでの物語。

バーダマン 主演はユダヤ人のアル・ジョルスン（Al Jolson, 1886-1950）。ブラックフェイスで出てきますね。彼もまたミンストレルあがりです。「アル・ジョルスンによって、映画は歌うことを知った」といわれ、のちにブロードウェイの人気歌手となりました。

里中 俳優もそうですが、ミンストレル・ショーは黒人ミュージシャンたちにも扉を開きました。黒人ミンストレルとしてキャリアをスタートさせたミュージシャンといえば、W・C・ハンディ（ブルーズの父）やマ・レイニー（ブルーズの母）がいます。ベッシー・スミス（ブルーズの女帝）やエセル・ウォーターズ（ジャズ・シンガー）なんかもそうですね。そればかりか、バンジョーとフィドルをフィーチャーしたカントリー・ミュージックをつくりだすうえでもミンストレルは貢献している。

バーダマン ミンストレル・ショーは、白人による歪んだ黒人像を形成するのに負の遺産を残したけれど、いまも歌いつがれる国民愛唱歌を生むなど、アメリカ大衆文化の形成に大きな役割を果たしたといえるでしょうね。

4　フォスターの子どもたち

†フォスターは人種差別主義者か

里中　スティーヴン・フォスターに話を戻しましょう。彼はミンストレル・ソングを、確認されているだけでも28曲つくっています。黒人なまりを使ったエチオピアン・ソング（Ethiopian songs）と、農園で働く黒人奴隷の生活を歌にしたプランテーション・ソング（plantation songs）です。ミンストレル・ショーに曲を提供するにあたって、黒人を主題にした曲をつくるのが条件だったとはいえ、曲調を考慮に入れると、彼の曲は黒人たちをただ嘲笑の対象にしていたわけではなさそうです。「間抜けで善良な黒人」というステレオタイプを描いているものの、そのけがれのない愚かしさを、共感のこもったまなざしで見ているのがわかる。たんに黒人の暮らしをカリカチュアしているだけではありません。

バーダマン　フォスターが生きていた時代は、奴隷制をめぐって南部と北部が対立していました。南部の黒人の実態など知らない北部の白人のエクゾティシズムが多分にあったと推測されます。とりわけフォスターが黒人を蔑視していたということはないでしょうが、当時の白人による一般的な黒人観の持ち主であったように思われます。

里中　奴隷の境遇の悲惨さを描き、奴隷制廃止の気運を起こしたストウ女史の小説『アンクルトムの小屋』が出版されたのは1852年のことですが、フォスターはこの作品に感化されたのではないでしょうか。彼がこの作品を読んだという事実は確認されていませんが、黒人への憐憫《れんびん》を描いた、このベストセラーを読まなかった、あるいはその舞台を見なかったというのはちょっと考えにくい。フォスターの52年以降の作品、たとえば〈主人は冷たい土の中に〉〈ケンタッキーのわが家〉〈オールド・ブラック・ジョー〉などの歌詞を読むと、黒人の運命に同情的なやさしい気持ちを感じないではいられません。長い歴史をつうじて白人たちが「自己変革」をしたように、フォスターもまた、短い生涯のなかで黒人への理解を深めた人ではないでしょうか。後世の人たちから「人種差別主義者」といわれることもあるフォスターですが、音楽作品のなかで黒人奴隷に人間的感情を与えた最初の白人という見方もできます。

†いまも親しまれているフォスター

バーダマン　そうした見地に立つ人もいて、20世紀に入るとフォスター再評価の気運が高

〔すべては終わりぬ〕のシート・ミュージック表紙（1854年、アメリカ議会図書館蔵）

まった。ピッツバーグ大学の構内にある「フォスター記念館」はフォスター研究の中心となったし、〔ケンタッキーのわが家〕はケンタッキー州の州歌になり（1928年）、〔スワニー河〕もフロリダ州の州歌になった（1935年）。ともに歌詞の一部は改められましたが。

里中　後世のミュージシャンに与えた影響も大きい。ファンク・ミュージックのジェイムズ・ブラウンは小さなころ、〔おおスザンナ〕のメロディに親しんだというし、ピート・シーガーをはじめとするフォーク・ミュージシャンたちや、オーネット・コールマンなどのジャズメンにもインスピレーションを与えている。

バーダマン　ビーチ・ボーイズの〔サウス・ベイ・サーファー〕は〔スワニー河〕の歌詞を変えた曲ですね。

里中　そのほか、ビング・クロスビー、ジェイムズ・テイラー、ザ・バーズ、ランディ・ニューマンなんかもフォスターの曲をカヴァーしています。

バーダマン　ボブ・ディラン、ジョニー・キャッシュ、ブルース・スプリングスティーンなども、フォスターの〈すべては終わりぬ〉を歌っている。〈すべては終わりぬ〉は、川面の光のように悲しみで満ちた哀歌。でも、それはまた祈りの歌でもある。100年以上も前の歌が、こんにちなおアメリカ人の魂を揺さぶっている。

里中　いまこそフォスターの音楽を見直すべきですね。

ライス・レコード、2012年

V.A.

アメリカン・ミュージックの原点

音楽評論家・中村とうようが選曲したタイトルどおりのコンピレーションCD。アメリカ大衆音楽の黎明期ともいえる1900〜20年代までのポピュラー・ソングを50曲、2枚のCDに収めている（歌ものとダンス音楽をそれぞれ一枚ずつ）。また、曲の解説が記されたブックレットも充実。見事というほかない出来ばえである。（里）

New World Records, 1998

V.A.

The Early Minstrel Show

初期のミンストレル・ショーでくりひろげられた音源は、残念ながら、ひとつも残されていない。まだ、蓄音機がなかったのである。しかし、いくつかの曲の楽譜は現存し、またどんな楽器を使ったのかはたいてい明らかになっている。そこで、当時（1850年前後）の音楽の再現に取り組んだのがこのアルバムだ。貴重な一枚といえよう。（里）

Archeophone Records, 2006

V.A.

Monarchs of Minstrelsy

19世紀後半、爛熟期にあったミンストレル・ショーには、どんな歌い手たちが君臨していたのか。また、そこではどのような楽曲が奏でられていたのか。その質問への明快な答えがここにある。のちにヴォードヴィルのスターとなるビリー・マーレイ、アル・ジョルスンといった人たちのたいへん貴重な音源が収められている。（バ）

American Roots Publishing, 2004

V.A.

Beautiful Dreamer : The Songs of Stephen Foster

「アメリカ音楽の父」と称されるスティーヴン・フォスターの名曲をいまによみがえらせようとしたのがこのアルバム。メイヴィス・ステイプルズ、ロジャー・マッギン、ヨーヨー・マなどのアーティストが参加して、その腕前を競っている。結果、いくつもの逸品ができあがったが、あらためて思うのは、原曲のもつパワーだ。（里）

第2章

ゴスペルは希望の歌

Blues are the songs of despair,
but gospel songs are the songs of hope.
Mahalia Jackson

ブルーズは絶望を歌うけど、
ゴスペルは希望の歌なのよ。
──マヘリア・ジャクスン

1　「踊る宗教」の系譜

†「黒人」の呼び名

里中　今回のテーマはゴスペル（Gospel）ですが、話を始めるまえに、「アメリカの黒人」をあらわす英語表現について確認させてください。用語の変化はすなわち、人種をめぐる人々の意識が変わったことをあらわすからです。まず、「ニグロ」（negro）という言葉ですが、これはどう捉えられてきたのでしょうか。

バーダマン　意外に思われるかもしれないですが、19世紀から20世紀にかけては、「ニグロ」という言葉はよい印象をもつ言葉でした。黒人自身もみずからを称するとき、「ニグロ」を使っていました。いっぽう、白人が使う「ニガー」（nigger）は侮蔑の言葉でした。こんにちにおいても「ニガー」は受け入れがたい言葉です。１９５０年代、私が育ったアメリカ南部では、「ブラック」（black）は蔑称でした。「ニグロ」や「カラード・ピープル」（colored people）が好ましいとされていました。

里中　公民権運動が広まりつつあった60年代の一時期、「アフロ・アメリカン」（Afro-

American）という言葉がしきりに聞かれました。

バーダマン　ええ。でも、まもなく消えてしまい、「ブラック」のほうが好まれるようになり、黒人たちも自分たちを「ブラック」と呼ぶようになりました。

里中　こんにちのアメリカ黒人の多くは、17世紀初頭から19世紀半ばまでのおよそ300年間にわたり、ヨーロッパ人によって西アフリカから強制的に運ばれてきた人たちの子孫です。このことを考慮して、現在では出自を明らかにした「アフリカ系アメリカ人」（African American）を適切な表現だとみなす人たちもいます。

バーダマン　本書の関心は「白人」と「黒人」を対照的に語ることによってアメリカン・ミュージックの歴史をひもとくことにあるので、本書ではおもに「黒人」もしくは「ブラック」という呼称を使用したいと思います。

†身体に宿る「踊る宗教」

里中　アメリカン・ルーツ・ミュージックは、奴隷制を抜きに語ることはできません。さらにいうと、黒人文化を知るには、彼らのキリスト教の受容についてふれなくてはなりません。

バーダマン　黒人奴隷は、土地も金もなく、自由や希望さえもなかった。文字は読めないし、書くこともできない。その彼らがキリスト教や賛美歌を受け容れ、スピリチュアル（Spirituals）やゴスペルという音楽を生みだしていった。

里中　多くの黒人奴隷は、最初からキリスト教を信じていたわけではありませんよね。

バーダマン　先ほども申しあげたように、黒人奴隷たちはアフリカ大陸から強制的に連れてこられた人々です。彼らが暮らしていたアフリカ大陸には、早くからキリスト教やイスラム教もありましたが、奴隷が狩りだされた地域は土着宗教を信仰する者が多かった。それぞれの地域に、大地、水、動物、植物といった自然の力を支配する神々が数多く存在していた。

里中　そのような土着宗教の要素が、アメリカ音楽の形成に強く影響しているということですね。

バーダマン　文字文化をもたないアフリカでは、信仰に関することなど、さまざまな文化や知恵は口頭伝承によって受け継がれてきました。そして、祭礼にあっては、歌、ドラム（太鼓）、踊りが重視された。これらの影響は大きいでしょうね。

里中　多様なリズム、シンコペーション（強弱のリズムをずらすことによって、全体のリズムに変化を与えること）、チャント（唱和）、コール＆レスポンス（呼びかけ＆応答／交互唱）、ステップなど、のちのアメリカン・ルーツ・ミュージックのもとになる形式が見いだされますね。

バーダマン　17世紀から18世紀にかけての、ヨーロッパ人による西アフリカ旅行記を読むと、アフリカ人たちは面会に際して音楽を供したとか、祝賀行事にはそれにふさわしい音楽や舞踊を披露したなどと書かれている。アフリカが「音楽大陸」であり、「ダンス大陸」だったことは間違いありません。

里中　「歌なくして霊の降臨なし」という金言がアフリカにはありますが、歌には踊りがつきものでした。「シャウト」（shout）とか「リング・シャウト」（ring shout）と呼ばれる踊りなどもそのひとつ。大きな輪（リング）をつくり、腕をひろげ、腰を揺すって、時計回りとは逆の方向にすり足（シャッフル）で回る。最初はゆっくりと歌いながら回り、手拍子をするうちにだんだんリズミカルになり、シャウト（叫び）へと高まっていく。あとで論じるスピリチュアルにつうじるものがあります。

†ヴードゥー

バーダマン　それら民族固有の宗教は、南北アメリカ大陸において、キリスト教や先住民の信仰の影響を受けながら徐々に変容していった。そうして誕生した、アフリカに起源をもつ先祖崇拝信仰の民間宗教の代表といったら、やはり何よりもヴードゥー（Voodoo）でしょうね。

里中　ハイチなどのカリブ海諸地域と、ニューオリンズを中心にした黒人たちのあいだでヴードゥーの儀式を見ることができます。

バーダマン　アメリカ大陸には、カリブ海諸島を経由してやってきた黒人がたくさんいましたからね。

里中　カリブ海地域はスペインやフランスの影響でカトリックが支配的ですが、ヴードゥーはカトリックと混じり合っています。また、教義が成文化されたこともなければ、宗教組織としての機構をもったこともないというのが面白い。ヴードゥーは、アフリカの宗教がカトリックの影響で変化したもの、あるいはカトリックの外見をよそおったアフリカ宗教ともいえます。キューバのサンテリア（Santería）とか、ブラジルのカンドンブレ（Candomblé）などもヴードゥーの仲間ですね。

バーダマン　ヴードゥーは、太鼓などの打楽器、コール&レスポンス（Call and Response）、舞踊をともなう儀式をつうじて「精霊」と交信するのが特徴です。西アフリカやハイチでは「ヴォドゥン」（Vodun）と呼ばれていますが、これは西アフリカのフォン語（Fon）では「精霊」「守り神」「守護神霊」の意味だそうです。また、いまも人々を魅了する「ゾンビ」（zombie）で有名です。ヴードゥーでは、呪術（マジック）によって、死んだ人を生き返らせ、「ゾンビ」として自由に操ることができるとされています。

里中　ゾンビといえば、ミュージック・ヴィデオ『スリラー』(Thriller) のなかで、狼男に変身したマイケル・ジャクスンが、ゾンビとのダンスを披露していますね。

バーダマン　あれを白人パフォーマーがやったらおかしい。

里中　黒人のマイケルがやってこそのパフォーマンスですね。

バーダマン　西アフリカの宗教は「歌う宗教」であり、なにより「踊る宗教」でした。それらは、彼ら黒人がキリスト教に改宗しても、身体に宿り、子孫たちに受け継がれてきたのです。自分のルーツに強い関心を寄せていたマイケルがそれを意識していたのは明らかです。

†ニグロ・スピリチュアル

里中　アフリカの神々が徐々に姿を消していく過程は、キリスト教への同化の歴史でもある。黒人奴隷がキリスト教に改宗させられた理由は、キリスト教の宗教指導をほどこせば、奴隷たちがより従順になってプランテーション（大規模農園）経営が安定するだろうとの見方が支持されたからですね。

バーダマン　そもそも西ヨーロッパ人にとっての自己救済とは、どれだけ異教徒を改宗できるかであった。しかし、キリスト教に改宗させ、しかも身分を奴隷のままにしておくという根拠もまたキリスト教に求められました。その根拠とは、奴隷としての身分は神の摂理であるからしかたないが、クリスチャンになることによって魂の永遠の救いを得られるというものでした。

里中　しかし皮肉にも、キリスト教は黒人を目覚めさせ、奴隷解放の大きな力となっていった。キリスト教が黒人解放史において果たした役割はとてつもなく大きい。

バーダマン　黒人たちがキリスト教になじんでいったのは、キリスト教では、いま現在の生活よりも、死んだあとに天国へ行くことが魅力的に描かれていたからでしょう。プランテーションでの長時間におよぶ過酷な労働など、つらい毎日がつづく黒人奴隷たちにとっては、天国へ導かれることが唯一の救いだったわけです。

里中　１７４０年前後と１８００年前後の２回にわたって「大覚醒」（The Great Awakenings）が起こりました。キリスト教を広める一大運動ですが、これらによって黒人たちはしだいにクリスチャンになっていく。

バーダマン　その時期、信仰心の覚醒をうながす信仰復興運動（リヴァイヴァル・ムーヴメント）というのがありました。この運動の主力はプロテスタントのメソジスト派やバプティスト派で、早くも１７８０年代に奴隷制に反対する立場を表明していました。

南部の黒人たちのキャンプ・ミーティング（1872年、アメリカ議会図書館蔵）

里中　黒人たちの多くが、いまもこの宗派に属しているのもうなずけますね。

バーダマン　また、復興運動の一環として、「キャンプ・ミーティング」（Camp Meeting）といわれる野外伝道集会があちこちで開催されました。馬やロバに乗った説教師たちが何人もやってきて、何日にもわたって熱烈な説教をするというものです。馬車から説教する者、木の切り株にのって説教する者がいて、それに耳を傾けた者たちは、祈ったり、叫んだり、慈悲を乞《こ》うたりした。

里中　そうした宗教的情熱が、即興的な歌に転化され、身ぶりをともない始め、やがて興奮の渦へと昇華していった。

バーダマン　ひとつのグループが「ヨルダン河のかなたで」と叫ぶと、別のグループが歌い返す。こうしたコール&レスポンスをやっているうち、エネルギーを高めていくクレッシェンド効果が生じました。

里中　黒人たちの身体の中で、眠っていた何かが動きはじめた。

バーダマン　それからというもの、日曜日になると、奴隷たちはプランテーションの一角に集められ、白人巡回牧師の説教を聞いたり、賛美歌をすすんで歌うようになりました。

†「見えない教会」

里中　プランター（白人農園主）は奴隷たちに、読み書きを習うこと、居住区から勝手に外に出ること、自分たちだけの集会をもつこと、アフリカの呪術的行為をおこなうこと、太鼓を叩くことなどを禁止しました。

バーダマン　プランターたちは、奴隷たちが団結して暴動を起こすことを恐れていました。そこで、奴隷たちは一日の労働を終えた夜遅くに、プランテーションの奥深くにある「ハッシュ・ハーバー」（Hush Harbor　静かな避難所）にこっそり集まり、神に祈り、歌や踊りに興じました。

里中　その秘密の礼拝集会は、プランターから見えないところでおこなわれることから「見えない教会」（invisible church）と呼ばれました。

バーダマン　秘密の集会をしているのがプランターに知られたらとんでもないことになる。彼らは、歌声が主人の耳に届かないようにするため、盥《たらい》を逆さまにして頭を寄せ合ったり、濡らした布でテントを張るなど、さまざまな工夫をして歌ったそうです。

里中　「見えない教会」こそが、自分の気持ちや感情を自由に表現できる場所だったわけですね。

バーダマン　奴隷たちは、「見えない教会」において、真に魂の解放を感じたのだと思います。

里中　文字が読めない彼らは、とうぜん賛美歌集や祈禱書《きとうしょ》を持っていなかったので、祈りも歌も即興的におこなわれた。そして、白人たちの祈りの言葉や賛美歌をどんどん黒人化させていった。

バーダマン　ひとりが祈りの言葉を大声で叫ぶと、それが反復される。それを幾度かくりかえすうち、メロディをもつようになる。こうして黒人奴隷たちは、身体に宿った記憶をよみがえらせ、連帯意識を形成していったのです。

里中　祈りと歌は区別されていなかった。やがてそれらは「ニグロ・スピリチュアル／黒人霊歌」(Negro Spirituals) と呼ばれるようになります。

バーダマン　ニグロ・スピリチュアルは「プランテーション・ソング」(plantation songs) と呼ばれることもあるように、祈りの基本にはいつも「抑圧からの解放」が据えられていますが、キリスト教信仰のなかで生みだされた音楽であるということを忘れてはいけません。

里中　英語のスピリチュアリティ（spirituality）は、その人独自の「精神性」ではなく、神との関係によって成立する「霊性」というニュアンスを含んでいます。

バーダマン　スピリット（spirit）は、もともと「息」とか「霊」という意味です。聖書には、神が「命の息」（the breath of life）を吹き込むことによって人間（アダム）が誕生したとの記述がある。聖霊も「ホーリー・スピリット」（Holy Spirit）ですね。スピリチュアリティは聖書を起源としており、神との結びつきのなかでとらえられるべき言葉です。

里中　ニグロ・スピリチュアルの歌詞は、白人たちが歌っていた賛美歌に、黒人たちの祈りの言葉がミックスされてつくられていますね。アメリカ音楽の特徴である「混血性」が見いだせます。

バーダマン　歌詞もメロディも、プランテーションの片隅にもうけられた「見えない教会」で、長い時間をかけてだんだん形成されていった。歴史的なことをいえば、ニグロ・スピリチュアルはそのほとんどが18世紀半ばから後半にかけてつくられています。

†スピリチュアルの暗号

里中　しかし、時が経つにつれて、黒人たちは来世を夢見ることよりも、現世の解放を考えるようになりました。奴隷のなかには、逃亡という手段によって「脱出」をこころみる者もいました。

バーダマン　南北戦争（1861〜65）の前夜、「地下鉄道」（Underground Railroad）と呼ばれる黒人奴隷の北部への逃亡を手助けする秘密のネットワークがありました。一部の奴隷たちはこのネットワークを使って、奴隷制が厳然と生きていた南部諸州から、すでに奴隷制を廃止していた自由の地である北部（北部の自由州もしくはカナダ）への逃亡をはかった。その支援をしたのが北部の黒人教会であり、スピリチュアルの歌でした。

里中　スピリチュアルの歌詞は、黒人同士の〝暗号〟として用いられることもあったようですね。

バーダマン　たとえば、〔Steal Away〕は「見えない教会」でミーティングがおこなわれるということを互いに知らせるための歌でした。〔Swing Low, Sweet Chariot〕の歌詞が示している「天国に連れていってくれる馬車」は、祖国アフリカへの帰還や北部の自由州への脱出を意味していました。

里中　とりわけ有名なのは〔Go Down Moses〕（行け、モーゼよ）と題された歌ですね。くりかえし叫ばれるLet my people go!（我が民を解放したまえ！）は自分たちのことでした。

バーダマン　黒人たちは、旧約聖書の「出エジプト記」から「ヨシュア記」に至る出エジプトの物語に心を奪われました。エジプトで奴隷にされて迫害されていたイスラエルの民は、預言者モーゼに導かれてエジプトを脱出し、放浪の旅をしたのち、ついに蜂蜜《はちみつ》のしたたる「約束の地」であるカナン（現在のパレスチナ）に到達する。黒人たちは自分たちをイスラエル人になぞらえ、現世における自由と解放の成就を歌に託したのです。

里中　アメリカ南部がエジプト、奴隷主はファラオ、説教師はモーゼ、自分たちはイスラエルの民というわけですね。歌詞の背後にもうひとつの意味を潜ませることで希望をつないだ。

バーダマン　ヨルダン川（Jordan River）はオハイオ川だし、「約束の地」であるカナン（Canaan）はオハイオ州から北の州、すなわち「自由の地」という〝暗号〟だった。スピリチュアルは、キリスト教を信仰する黒人たちの隠された「魂の叫び」だったのです。

2　スピリチュアルからゴスペルへ

†アメイジング・グレイス

里中　いまニグロ・スピリチュアルを聴くと、カントリー・ミュージックの要素をもっていることに驚きます。もともとニグロ・スピリチュアルに先行してホワイト・スピリチュアル（白人霊歌）があったわけですが、これはほとんどがイギリス人たちが持ち込んだ宗教歌でした。

バーダマン　ホワイト・スピリチュアルが西部や南部の白人たちの民謡として残り、それがセイクリッド・ソング（聖歌）またはカントリー・ヒム（賛美歌）と呼ばれようになり、カントリー&ウェスタンになっていきました。そのような歴史をふりかえれば、ニグロ・スピリチュアルもまたホワイト・スピリチュアルの影響を受けたことは間違いありません。

里中　というわけで、ニグロ・スピリチュアルのなかには白人が書いたものが数多くあります。たとえば、〔アメイジング・グレイス〕は、英国国教会の牧師ジョン・ニュートン（John Newton, 1725–1807）が書いた歌でした。

バーダマン　彼は若いとき、奴隷売買をやっていた船の船長でした。いくども死に直面しますが、奇跡的に生かされたという経験を契機に悔悛《かいしゅん》します。過《あやま》ちを悟った罪人であると言明し、奴隷貿易廃止の大義に身を捧げました。福音《ふくいん》主義派の聖職者となってからは、多くの賛美歌をつくっています。

里中　〔アメイジング・グレイス〕の歌詞にも、彼の悔悛が読みとれます。歌詞の一部を読んでみます。

Amazing grace, how sweet the sound（驚くべき恵み　なんという甘美な響き）
That saved a wretch like me（私のような卑劣な人間を救ってくださった）
I once was lost but now I am found（道を踏みはずしていた私は　神によって見いだされ）
Was blind, but now I see（見えなかった神の恵みを　いまは見いだせる）

かつて奴隷を虐待していた自分、このうえもなく「卑劣漢」（wretch）としかいいようのない自分が、イエス・キリストの恵み（grace）によって救われたことは驚くべき（amazing）ことである、と書いています。

バーダマン　１７６０年代にイギリスの小さな教会で歌われていたこの曲をアメリカに伝えたのは、南部アパラチア山地に移住した白人たちです。以来、賛美歌として、スピリチュアルとして、民謡として、ゴスペルとして、癒しの歌（ヒーリング・ソング）としてアメリカ人は歌い継いできました。エルヴィス・プレスリー、ジョーン・バエズ、ジュディ・コリンズといった白人シンガーだけでなく、マヘリア・ジャクスン、アリーサ・フランクリン、サム・クックといった黒人シンガーも歌っています。

里中　その後、初期のプリミティヴなニグロ・スピリチュアルも徐々に洗練されたものになっていきます。その象徴的なグループがフィスク・ジュビリー・シンガーズ（Fisk Jubilee

Singers）です。

バーダマン　テネシー州のナッシュヴィルにある黒人大学、フィスク大学で結成されたフィスク・ジュビリー・シンガーズは男女混声の合唱団で、１８７１年から78年にかけて、大学の資金集めのために、オハイオ州、ペンシルヴェニア州、ニューヨークといった北部都市、それからイギリス、オランダ、ドイツなどヨーロッパ各地へ遠征しています。彼らはニグロ・スピリチュアルを編曲し、歌声にも磨きをかけ、行く先々で大きな衝撃と感動を与え、大成功を収めました。

フィスク・ジュビリー・シンガーズ（1872年頃、アメリカ議会図書館蔵）

里中　１８７３年に訪れたイギリスでは、ホテルや列車などで差別を受けることなく演奏旅行を楽しんだといいます。ロンドンで彼らを迎えたのは貴族や政治家などの支配階級でした。グラドストン首相やヴィクトリア女王にも会っていますね。

バーダマン　三回目の巡業（１８７５〜７８）の際には、オランダでは女王に、ドイツでは王室の面々に接見し、各地で感動を呼び起こしました。結果、15万ドルの大金を集めることに成功、大学の存続に寄与しました。

里中　ドイツの音楽誌は、「芸術的な才能が優雅に形づくられ、豊かな陰影を浮かびあがらせている」などと評しています。大成功だったようですね。

バーダマン　その後、ニグロ・スピリチュアルは、テナー歌手のローランド・ヘイズ（Roland Hayes,1887–1976）やコントラルト（女声の最低音域）のマリアン・アンダースン（Marian Anderson, 1902–93）などのクラシック歌手を生みだすいっぽう、よりパフォーマンスを重視したもの、すなわちゴスペルへと姿を変えていきました。

†ゴスペルと「見える教会」

里中　1865年に奴隷制が廃止されると、奴隷時代の「見えない教会」（invisible church）は、徐々に「見える教会」（visible church）になっていく。黒人の総人口も増加し、1870年には、2世、3世を含め、480万人ほどになっています。

バーダマン　そうなると、黒人たちは自分たちの教会、つまり黒人教会を持ちたいと切望するようになった。魂の救済だけでなく、相互扶助と教育をも目的とする教会の設立が急務となったのです。

里中　南部の黒人はバプティスト派かメソジスト派を選びましたが、先ほども述べたように、この二つの教派は早くから奴隷制に反対する立場を表明していました。

バーダマン　また、両者とも各教会の自治的な運営に寛容でした。やがて黒人牧師が誕生すると、彼らは宗教指導者になっていきました。牧師はまた理想家であり、教育者でもあった。当時、知性をもった雄弁な黒人は、牧師か教師を目指しました。

里中　礼拝のとき、黒人牧師はゆっくりと準備してきた説教原稿を読みあげます。原稿を読む目が会衆《かいしゅう》の反応をうかがうようになると、口調は徐々に速くなって、言葉は即興的になる。すると、感情が高まってきた会衆は立ち上がり、牧師の言葉をくりかえす。このようなコール＆レスポンスが始まると、いつのまにかオルガンの音が耳にとどく。語りは熱を帯び、やがて神を称える歌になっていく。

バーダマン　ゴスペル（gospel）というのは「福音」を意味する言葉です。語源の"good spell"は good news（よい知らせ）のこと。「吉報」を意味するエヴァンジャル（evangel）と同じです。つまり、ゴスペルというのは、イエスの教えをよいものとして称える音楽のことなのです。

里中　おおまかにいうと、いまあるゴスペルは１９２０年代の後半、シカゴのバプティスト教会で完成されます。つまり、解放されて自由市民になった奴隷の、その孫たちの世代が北部都市シカゴへと移り住み、そこの「見える教会」、すなわち黒人教会で誕生したということです。ところで、当時、ゴスペルは、教会関係者からどのように考えられていたのでしょう。

バーダマン ゴスペルがアメリカ国内で芽を吹くと、白人だけでなく、黒人の一部の牧師たちからもゴスペルに対して批判の声があがりました。手拍子をしたり、足を踏みならすことが品位にかけるというのです。しかし、胸に迫るものがあったら、それを体全体で表現するのがあたりまえだ、というゴスペル・シンガーたちの声が、そんな批判をかき消してしまいました。

†ゴスペルの特徴

里中 ニグロ・スピリチュアルの題材が圧倒的に旧約聖書からの物語で占められているのに対し、ゴスペルはジーザス(イエス・キリスト)を称えるものが多いですね。

バーダマン それは、ジーザスの物語をつづった新約聖書を重視するプロテスタントが増加したからです。旧約聖書を重んじるカトリックが、アメリカ国内で徐々に数を減らしていったという歴史と連動しているわけです。

里中 スピリチュアルが来世に期待をかけているのに対し、ゴスペルは現世での解放を歌っているという違いもありますね。
バーダマン　そこが両者を分けている点です。スピリチュアルは「慰安」でしたが、ゴスペルは「解放」の原動力になりました。
里中　感情の高まりを素直に表現するのがゴスペルだ、ともいえますね。スピリチュアルは現世の苦しみに耐え、来世の幸せを願う〝静〟の歌唱法ですが、南北戦争後に生まれたゴスペルには楽天的なものが多く、またリズムを重視して歌うソロと、会衆者が身体の動きとともに応えるという〝動〟の形式をとっています。「エイメン」などの掛け声も特徴的ですね。
バーダマン　「エイメン」(Amen) はヘブライ語のアーマン（ほんとうに・たしかに）からきた語で、「この祈りは真実です」とか、「そのとおりになりますように」といった祈りの言葉ですが、これはゴスペルには欠かせないレスポンスです。
里中　先ほども述べましたが、体を揺すったり、足を踏みならしたり、手拍子を打ったり、天に両手を差しのべたりもしますね。
バーダマン　足で床をリズミカルに踏むのは、状況を好転させようとするもので、アフリカの宗教儀礼にも見られます。また、リズムということでいえば、1890年代になると、貧しい黒人層が入信していた南部の黒人教会では、オルガンにドラム、シンバル、タンバリンなどのリズム楽器などが加わって、感情と動きをよりいっそう盛りあげました。バプティスト派、サンクティファイド派（サンクティファイド教会やペンテコステ教会など）の黒人教会では、手拍子を打ち、シャウトし、踊るなかで、忘我《ぼうが》の境地、トランス状態になる人もいました。

里中　トランス状態になって、倒れてしまう人もいる。敬虔《けいけん》な祈りの気持ちと、求道者としてなにかを追い求める感情が一体となって、エモーションの奔流《ほんりゅう》が生まれるのでしょうね。

バーダマン　霊性世界と「ひとつになる感覚」を求めてトランス状態になるのでしょう。いずれにせよ、ゴスペルほど素直に感情をあらわにする音楽はないといえます。

里中　黒人の魂のうち、「悦楽」はスピリチュアルに、「希望」はゴスペルに宿っているように思えます。

バーダマン　だとしたら、「悲哀」はブルーズに、「不満」はロックンロールに向けられたといえそうですね。

†ゴスペル音楽の父、トーマス・ドーシー

里中　はっきりとした数字は不明ですが、1914年から20年にかけて、シカゴをはじめ

とする北部都市へ流れた黒人は50万人とも100万人ともいわれています。

バーダマン その間に、先ほども指摘したように、シカゴの黒人教会で「ゴスペル」が開花した。南部農村の教会へ通っていた黒人たちが、北部都市シカゴの教会でゴスペルを生みだしたわけです。

里中 黒人の教会で古くから歌われていた賛美歌を編曲したり、新たに歌詞をつくったりしたものもありますが、ゴスペル・ソングは、スピリチュアルと違って、歌い継がれてきたものではなく、大半は黒人音楽家によって作詞され、作曲されています。

バーダマン また、スピリチュアルがアカペラ（無伴奏）であるのに対し、ゴスペルにはたいてい楽器の伴奏があり、シンコペーションと打楽器的なリズムを伴っています。さらに、3度と7度を半音さげることにおいて、ゴスペルはブルーズと同じですが、スピリチュアルにはそれがありません。「ゴスペル音楽の父」といわれる、ジョージア州生まれのトーマス・ドーシー（Thomas Dorsey, 1899–1993）は、もとはブルーズマンでした。

里中 そもそも「ブルーズ」とか「ゴスペル」といったジャンル分けは本来なかったのだと思います。ブルーズとゴスペルはコインの裏表ですね。マヘリア・ジャクスンがいったように、絶望を歌うのがブルーズで、希望を歌うのがゴスペルだった。

バーダマン トーマス・ドーシーはブルーズの手法で〈プレシャス・ロード〉や〈ピー

ス・イン・ザ・ヴァリー」などの名曲をつくっています。とくに「プレシャス・ロード」は、ほとんどすべてのゴスペル歌手がレコーディングしている曲です。

里中　ドーシーはアトランタ（ジョージア州）の近くで牧師の息子として生まれ、独学でピアノをおぼえ、ブルーズの世界に入っていった人です。ブルーズの女王、マ・レイニーのピアノ伴奏をしていたこともある。１９３０年前後にはタンパ・レッド（Tampa Red, 1903-81）とデュエットを組み、ジョージア・トムという名で、かなりきわどい猥褻な歌もうたっていました。

バーダマン　しかし、32年、妻が産後のひだちが悪くて急死し、それから一週間もたたないうちに生まれたばかりの赤ん坊も死んでしまうという不幸に彼はあいました。それでドーシーは、ブルーズをきっぱりやめて、宗教音楽の作曲家として身を立てる決心をします。

里中　つまり、ゴスペル音楽は、ブルーズのリズムをもって登場したというわけですね。

バーダマン　ドーシーは、４００曲以上のゴスペル・ソングを書いています。最初は「世俗的すぎる」と敬遠する黒人教会もありましたが、30年代までには礼拝に欠かせぬ音楽となりました。

3　女王マヘリア・ジャクスン

†ニューオリンズ生まれの少女

里中　ドーシーのつくった歌をうたって世に広めたのがマヘリア・ジャクスン（Mahalia Jackson, 1911–72）です。

バーダマン　彼女の生涯を俯瞰《ふかん》すると、当時の黒人女性の置かれていた立場、黒人と教会との結びつき、アメリカ社会と音楽の関係などがよくわかります。

里中　では、私から口火を切りましょう。マヘリア・ジャクスンは、ニューオリンズ生まれ。ミシシッピ川の土手に接した貧民街ウォーターで生まれています。

バーダマン　あのあたりは人種のるつぼで、黒人、フランス人、クリオール人、イタリア人などが混じり合って住んでいました。住民のほとんどはその日暮らしがやっとという階層で、マヘリアの一家も貧しかった。部屋が一列に並んでいる「ショットガン（ハウス）」と呼ばれる掘っ立て小屋に住んでいました。「ショットガン」というのは、入口から散弾銃を撃つと、裏口から出ていってしまうような小さな家のことなのですが、そうしたところに住む黒人の多くは、波止場、蒸気船、バナナ船などで働いていました。

里中　父方の祖父母は、ともに奴隷として生まれ、南北戦争後に解放されています。マヘリアの父親は、昼間は埠頭で運搬作業に従事し、夜になると散髪屋をやっていたようですが、日曜日は牧師になって説教をしたそうです。このことはマヘリアに大きな影響を与えたのではないでしょうか。

バーダマン　当時、黒人たちの社交生活は教会の中にしかありませんでした。マヘリアも小さなころから、ほぼ毎日のように教会へ行き、日曜になると聖歌隊で歌っていたようです。家の隣にはサンクティファイド教会があって、そこで会衆は両手を打ってビートをつくり、体を左右に揺さぶり、足で調子をとって歌っていました。サンクティファイド教会やホーリネス教会（ともにプロテスタントの一派）が彼女に与えた影響は大きいでしょうね。

マヘリア・ジャクスン（1962年、アメリカ議会図書館蔵）

里中　彼女の自伝（『マヘリア・ジャクソン自伝』彩流社）には、「その力強いビートはわれわれ黒人が奴隷時代から失うことなくもっているリズム」であり、「ブルーズやジャズはもちろんのこと、ロックンロールのような音楽のビートもこのサンクティファイド教会にその源がある」と書いています。12歳のころからは、白人の子どもに服を着せたり、皿洗いの仕事をする毎日で、耳に入ってくる音楽は、ラグタイム、ブルーズ、ジャズなどでした。そのころはすでに蓄音機が普及しており、ベッシー・スミス、マ・レイニー、メイミー・スミスなどのレコードに耳を傾けていた。そして、16歳のとき、北部の都市シカゴへ移り住みます。

†シカゴで開花

バーダマン　長い煙突をもった蒸気船は、もはやミシシッピ川から姿を消していました。鉄道列車の全盛時代で、まだ飛行機の時代は到来していない。食べ物を大量にバスケットに入れて、マヘリアは列車で北上します。

里中　「食べ物を大量にバスケットに入れて」というのは、食堂車が使えないということでしょうか。

バーダマン　ええ。黒人は寝台車も使えなかったので、座席にすわったまま、そこで食事をとり、夜を明かしたわけです。

里中　そして、大都市シカゴへ到着する。そのころのシカゴは黒人にとって、どんな町だったのでしょう。

バーダマン　そのころのシカゴのサウスサイドといえば、ニューヨークのハーレムに次ぐ第二の黒人都市で、黒人の警察官、消防士、医者、弁護士、不動産業者もいました。そのようなシカゴで、マヘリアは自分の人生が明るくなりつつあるのを感じて、大いに胸をふくらませました。

里中　ルイジアナ、ミシシッピ、アーカンソー、ケンタッキーの黒人はシカゴへ向かう傾向がありましたね。

バーダマン　いっぽうジョージア、南北キャロライナ、ヴァージニアの黒人たちは、ニューヨーク、ワシントン、ボルティモアなどの都市を目指しました。

里中　当時のシカゴは、まだ1920年代の繁栄を謳歌していて、黒人たちもその繁栄のおこぼれを頂戴していました。もちろん、夜の街もにぎやかだった。ミュージック・ホールやキャバレーがたくさんあり、ルイ・アームストロングやアール・ハインズ（「ジャズ・ピアノの父」といわれている）などのジャズ・ミュージシャンたちが多数つどっていました。マヘリアはシカゴで、憧れのベッシー・スミスのステージを見ています。彼女はそのころ、看護婦になる夢をもっていましたが、洗濯女やホテルのメイドといった仕事にしかありつけませんでした。

バーダマン　当時、黒人の女の子が目標としうる最高の職業は、学校の先生と看護婦でした。

里中　看護婦にはなれませんでしたが、歌をうたうという夢はかないましたね。

バーダマン　体にみなぎる音楽の奔流をせきとめることはできませんでした。シカゴに着くと、マヘリアはバプティスト教会の聖歌隊に入ります。バプティストは幼児洗礼を認めず、自覚的に信仰告白をした人にのみ、全身を水に浸して洗礼（全浸礼）するプロテスタントの一派です。彼女はここでシカゴの黒人たちに出会います。

里中　アメリカ黒人史を語る場合、教会が唯一の社交の場であったことは忘れてはいけませんね。

バーダマン　やがて、彼女の声量ゆたかなコントラルトと表現力は評判を呼び、あちこちの黒人教会から自分たちの教会でも歌ってほしいと招かれるようになります。そして、ついにはトーマス・ドーシー（1921年にシカゴにやってきていた）に出会う機会に恵まれます。

里中　それがきっかけとなって、マヘリアはゴスペル歌手として大きくはばたくことになった。彼女を有名にしたのはニューポート・ジャズ・フェスティヴァル（1958年）への出演ですが、マヘリアはそこで〈主の祈り〉や〈雨が降ったよ〉などを披露しています。映画『真夏の夜のジャズ』でその熱唱を観ることができますが、聴衆の興奮と感動の様子がいまもスクリーンから伝わってきます。それはまた、「ゴスペルの女王」が誕生した瞬間でもありました。

†差別と闘うマヘリア

バーダマン　しかし、そうした栄誉にもかかわらず、日常生活で白人から受ける差別は相変わらずだった。車での移動中、ドライヴ・インに入ると、ウェイトレスが車まで飛ぶようにやってくるが、車中にいるのが黒人だとわかると、ピタリと止まり、くるっと向きを変えて歩き去ってしまう。トイレを使わせてくれないガソリン・スタンドもありました。彼女はそんな差別を受けています。

里中　白人の居住区に家を購入したときは、ライフルの銃弾を撃ち込まれている。彼女はそういう悲惨な経験をしています。

バーダマン　だから、彼女の歌には迷いがないのです。いつも強い意志を感じます。その精神はミシシッピのラバのように屈強です。

里中　マヘリアの歌声を聴いていると、半世紀も前の音楽なのに、時空間の隔たりがなくなってしまったかのような親密さを感じることがあります。歌を聴くために、周囲のいっさいは活動をやめてしまい、歌のまわりに、あたかも生き物のように、豊かな静寂があつまってくる。このことは、その彼女の「意志」と関係しているように思われます。

バーダマン　彼女はまた黒人解放運動にも尽力していて、１９６３年のワシントン大行進にも参加しています。マーティン・ルーサー・キング牧師とともに壇上に立ったマヘリアは、全米から集まった5万人の黒人たちの前で、〈私はなじられ、軽蔑されてきた〉(I Been 'Buked and I Been Scorned) を歌いました。それは古い黒人霊歌で、キング牧師の要望に応えたものでした。人々は、一緒に歌い、手拍子をとり、体を揺らし、唱和しました。

里中　歌いおわると、「もっと、もっと」の声があがり、マヘリアはゴスペルのクラシック〈こうして私は乗り越えた〉(How I Got Over) を歌いだします。

バーダマン　マヘリアの歌で、群衆の心は高揚しました。そして、そのあとキング牧師が登場して、「私には夢がある」と語り始めた。

里中　そのとき、バーダマン先生はおいくつでしたか。

バーダマン　16歳。ハイスクールの学生でした。マヘリア・ジャクスンの名は、その迫力のある歌声とともに、もうすでになじみのあるものでした。テレビによく出ていましたからね。白人も黒人も、ともに神の道を歩もう、と訴えかける彼女の声にはいつも迷いがありませんでした。マヘリアの志は、キング牧師のそれとまったく同じでした。

里中　そのキング牧師が68年に銃弾に倒れたときは、心で慟哭《どうこく》しながら、トーマス・ドーシーのつくった〔尊き主よ、わが手を取りたまえ〕（Precious Lord, Take My Hand）を歌いました。

バーダマン　マヘリアは有名になっても、弱き者、貧しき者のことを忘れませんでした。彼女自身、台所にすわって、エンドウのさやをむいたり、豆をはじきだしたりして余暇を楽しんだ。ローマ法王に謁見した際には「あの貧しい女たち、ニューオリンズのあの裏街や波止場の哀れな女たち、彼女たちのために私が歌っているもの、それがブルーズです」といったあと、「しかし、ブルーズは悲しみを歌うものですが、神がこの世にいると信じている私は、神にすがり、神を称えるゴスペルを歌いつづけるつもりです」とつけくわえました。

里中　彼女にとって、ゴスペルとは「黒人が遠い南部に置き忘れてきた音楽のようなもの」で、黒人がゴスペルを歌うのは「故郷からの手紙のように思われるから」だと自伝で語っています。

バーダマン　ゴスペル歌手として名高いロゼッタ・サープ（Rosetta Tharpe, 1915–73）は、ゴスペルをナイトクラブに持ち込み、たいへんな人気を博しましたが、マヘリアは「ブルーズは絶望の歌。ゴスペルは希望の歌」と語り、生涯、ブルーズを奏でる〝頽廃的《たいはいてき》な〟ナイトクラブには出演しませんでした。

里中　1972年、マヘリア・ジャクスンは持病の心臓病のために天に召されました（享年60歳）。「偉大な声は沈んだ」と新聞は書き、シカゴでの葬儀の会葬者《かいそうしゃ》は5万人も集まったといいます。遺体を迎えたニューオリンズでの葬儀に集まった人は6万人を超えました。
バーダマン　彼女はいまニューオリンズ郊外のミシシッピの岸に近い墓地で眠っています。
里中　マヘリアの葬儀で弔辞を述べたのはトーマス・ドーシーでした。
バーダマン　そして、〈尊き主よ、わが手を取りたまえ〉を歌って、マヘリアを神の国へと旅立たせたのはアリーサ・フランクリンでした。

4　ゴスペル界の巨星たち

†戦前から50年代まで

里中　マヘリア・ジャクスン以外にも、ゴスペル界のスターはたくさんいます。20年代から30年代には、ディキシー・ハミングバーズ（The Dixie Hummingbirds）、ゴールデン・ゲイト・カルテット（The Golden Gate Quartet）、スワン・シルヴァートーンズ（The Swan Silvertones）などの男性カルテットが登場しました。いずれも想像力に富んだ素晴らしいゴスペル歌唱を聴かせました。

バーダマン　彼らは、のちのシンガーに大きな影響を与えています。

里中　ポール・サイモンはディキシー・ハミングバーズのファンで、〈Love Me Like a Rock〉のバックアップ・ヴォーカルを彼らに依頼しています。

バーダマン　サイモンはまた、スワン・シルヴァートーンズのクロード・ジーター（Claude Jeter, 1914-2009）の大ファンでもあった。

里中　そういえば、サイモン&ガーファンクルの〈明日に架ける橋〉の歌詞にある、Like a bridge over troubled water（逆巻く激流にかかる橋のように）/I will lay me down（身を横たえよう）の部分は、クロード・ジーター牧師が歌った〈Mary Don't You Weep〉の I'll be a bridge over deep water if you trust in my name（私を信じるならば、苦悩の深淵に架かる橋となってあげよう）からインスピレーションを受けています。もっとも、その部分は『マタイの福音書』でイエスが湖の上を歩いて（walk on the water＝奇跡を起こす）、弟子たちを教導したという箇所を思い起させる仕掛けになっているのですが。ポール・サイモンはまた、ソロになってから、〈夢のマルディ・グラ〉という曲をつくり、ジーター牧師といっしょに歌って、かねてからの念願をかなえています。

バーダマン　ハリー・ベラフォンテ（Harry Belafonte, 1927-）にもふれておきたい。歌手、

ハリー・ベラフォンテ（1954年、アメリカ議会図書館蔵）

俳優、社会活動家など、さまざまな顔をもっていて、とくに日本では〈バナナ・ボート〉の歌手として有名ですが、フォーク・リヴァイヴァル運動を支えたひとりでもあり、ゴスペル、ジャズなど、アメリカのルーツ・ミュージックを愛したシンガーでもある。〈漕げよ、マイケル〉が素晴らしいし、アルバム『Songs Belafonte Sings』は隠れた名盤です。ゴスペル曲を存分に楽しめます。

里中　ジェイムズ・クリーヴランド（James Cleveland, 1932–91）は、現代のゴスペル・クワイア（聖歌隊）のスタイルを築きあげた大物で、ゴスペル界の頂点をきわめた人物です。アンジェリック・クワイアとのアルバム『Peace Be Still』は傑作です。

バーダマン　彼には天与の資質があり、「電話帳を歌うこともできる」ともいわれました。ビートルズやローリング・ストーンズなどと共演したキーボード奏者ビリー・プレストンとグループを組んでいたこともあります。

†1960年代から現代まで

里中　50年代から60年代に活躍したゴスペル・シンガーといえば、ウォード・シンガーズのクララ・ウォード（Clara Ward, 1924-73）も忘れてはいけません。

バーダマン　フレージングがほんとうに素晴らしい。彼女もまたアリーサ・フランクリンに大きな影響を与えたバプティスト派の歌手でした。それから、クララに見いだされて、ウォード・シンガーズのメンバーになったマリオン・ウィリアムズ（Marion Williams, 1928?-94）の名も挙げたい。彼女はのちにソロ歌手となり、R&Bやソウルなども歌いました。『My Soul Looks Back』というベスト盤がお薦めです。

里中　ステイプル・シンガーズ（The Staple Singers）もまた、クララ・ウォードのウォード・シンガーズに影響を受けていますね。

ステイプル・シンガーズ『Be Altitude: Respect Yourself』（Stax、1972年）

バーダマン　ステイプル・シンガーズは、素朴でダウンホーム（田舎ふう）な歌声を聴かせてくれました。

里中　60年代の後半になると、ソウルやロックにアプローチして、「アイル・テイク・ユー・ゼア」などのヒットを飛ばしました。また、ザ・バンドのドキュメンタリー映画

『ラスト・ワルツ』(78年)では、ザ・バンドのメンバーと〔ザ・ウェイト〕を歌い、その見事な歌唱を強く印象づけました。

バーダマン　現代ではカーク・フランクリン(Kirk Franklin, 1970-)が人気です。デビュー・アルバム『Kirk Franklin and The Family』は傑作。登場していきなりゴスペル界のスーパースターになりました。

里中　コンテンポラリー・ゴスペルを代表する作品として、アルバム『The Nu Nation Project』を挙げたい。ヒップホップの音楽を取り入れるなど、若い人に人気があります。カークはまた、シカゴのチャンス・ザ・ラッパーの作品にも参加しています。

バーダマン　それから、80年に結成された、男性6人組のコーラス・グループ、テイク6(Take 6)。ジャズやR&Bの要素もあり、アカペラ(無伴奏)で歌われたアルバム『Take 6』(88年)はいまも多くの人に愛されています。

里中　さて、ゴスペルの人気曲というと、〔My Life Is In Your Hands〕〔アメイジング・グレイス〕〔Make Us One〕あたりでしょうか。

バーダマン　やはり、〔Oh Happy Day〕でしょうね。映画『天使にラヴ・ソングを2』(1993年)で世界的に有名になったし。これはエドウィン・ホーキンズ・シンガーズ(The Edwin Hawkins Singers)が60年代後半に放ったヒット曲で、アリーサ・フランクリンやエルヴィス・プレスリーなども歌っています。あとは、〔Total Praise〕〔Silver And Gold〕も人気がありますね。同じ歌でも、それぞれの解釈、それぞれのメリスマ（こぶし）があって、聴き比べる面白さがあります。

Smithsonian Folkways, 2008

V.A.
Classic African American Gospel

タイトルからもわかるように、黒人ゴスペルを中心としたアンソロジー。無伴奏のニグロ・スピリチュアル（黒人霊歌）から、エレクトリックな音をフィーチャーしたコンテンポラリー・ゴスペルまで、幅広く網羅している。フィールド・ハラーを思わせる歌声や、フィスク・ジュビリー・シンガーズの音源にも接することができる。（里）

Columbia/Legacy, 2012

Mahalia Jackson　マヘリア・ジャクスン
The Essential Mahalia Jackson

「ゴスペルの女王」として名高いマヘリア・ジャクスンが、聴く者を深い感動でつつみ込む。幼いころから教会音楽に親しむいっぽう、ベッシー・スミスやマ・レイニーなどのブルーズにも耳を傾けていたという彼女は、教会の人々だけでなく、信仰心のない人たちの心をもとらえる。この２枚組のCDには、マヘリアのスピリットが込められている。（バ）

KENT, 2004

The Staple Singers　ステイプル・シンガーズ
The Ultimate Staple Singers : A Family Affair 1955-1984

ゴスペル界に革命を起こした親子ステイプル・シンガーズのキャリアをこの２枚組のベストで知ることができる。ポップス（父）のリヴァーブのかかったエレクトリック・ギターと、メイヴィス（末娘）のブルージーな歌声を中心に、彼らはメッセージ性の強いソウルフルなゴスペルを次々と生みだした。その名曲の数々はいまも輝きを失わない。（里）

Verity Records, 2012

Kirk Franklin　カーク・フランクリン
The Essential Kirk Franklin

〔ホワイ・ウィ・シング〕〔シルバー・アンド・ゴールド〕〔ストンプ〕などを収録したベスト盤。カーク・フランクリンはゴスペルとヒップホップを融合させるなど、「コンテンポラリー・アーバン・ゴスペル」というスタイルを確立したシンガーとして圧倒的人気を誇る。ゴスペルをストリート感覚で捉えたところに先駆性が見える。（バ）

第3章

ブルーズ街道

The blues are the roots;
everything else is the fruits.

Willie Dixon

ブルーズがルーツなんだ。
それ以外はみんな果実《フルーツ》さ。

——ウィリー・ディクスン

1　ブルーズの誕生

†ブルーズのルーツ

里中　西アフリカの沿岸部から連れてこられた黒人奴隷たちが持ち込んだ音楽がブルーズ（Blues）という音楽形式の端緒であった、とよくいわれます。アフリカの西側の突き出た部分の下半分、現在のセネガル、ガンビア、ギニアから、ガーナ、カメルーンへと連なるギニア湾の沿岸部にブルーズの故郷を求めることができると。なかには内陸のマリやナイジェリア北部も含める研究者もいます。イギリスのブルーズ研究家ポール・オリヴァーは、ギニア湾北岸地帯のうち、海岸よりの熱帯雨林ではなく、その奥の内陸部、すなわちサヴァンナにこそ、ブルーズとの近似性を見ることができると指摘しています。また、研究者のなかには、グリーオ（griot：アフリカの口承詩人）たちの音楽にブルーズの源流を求めることができるとか、ムーア人占領下（8世紀から15世紀）のスペインにブルーズとの類似性があるという説を唱えている人もいます。とはいえ、それはあくまでブルーズのリズムについて言及しているのであって、歌詞を含めたブルーズ全体を包括しているわけではありません。

バーダマン　ブルーズの故郷がどこであるかは、論者によって見解が分かれるところですが、アフリカの土着的で原始的な音楽がすなわちブルーズかといえば、明らかにそうではありません。ブルーズはあくまでもアメリカの音楽です。おおまかにいえば、ブルーズは、労苦を強いられるなか、ワーク・ソング（Work Songs）という労働歌やフィールド・ハラー（Field Hollers）という即興歌の時代を経て、ブルーズという音楽形式になったのです。アパラチア山脈ぞいの白人移民たち（イングランド人、アイルランド人、スコットランド人、ウェールズ人など）が持ち込んだバラッド（物語詩）の影響も少なからず受けています。

里中　そこで、まずはワーク・ソングについて論じたいのですが、前章で見たように、そもそもプランテーションと呼ばれた大農園では、歌や踊りは反乱や蜂起につながるとして禁止されていましたね。

バーダマン　ええ、そうです。西アフリカの異質なリズムや舞踊は不気味で、白人たちは不安をかきたてられたにちがいありません。

里中　しかし、集団作業のときの歌が作業の能率を高めることがわかると、歌うことを奨励する農園主もでてきた。

バーダマン　でも、黒人たちにいわせれば、「能率をあげるために歌ったのではなく、労働の辛苦をまぎらわすために歌った」ということになるでしょうけどね。いずれにしても、そうしたワーク・ソングは南北戦争のころまで大農園を中心に歌い継がれていました。

里中　もうひとつのフィールド・ハラーは、集団ではなく、フィールド（畑）でひとり働くときに歌う、叫び声（ハラー）にも似た歌でした。

バーダマン　奴隷解放後の黒人の大半は、自分の土地を持てず、小作農になった。フィールド・ハラーは、ラバを相手に畑を耕しつづける貧農たちのやるせない叫びでした。これにリズムを刻む楽器が加わって、ブルーズの原型ができあがっていったわけです。

里中　ブルーズに影響を与えたものとして、先ほどバラッドに言及されましたが、バラッドはイギリス諸島からの移民が持ってきたものですね。

バーダマン　歌詞が物語の形式をもっているのが特徴です。B・B・キングなんかも古くからある伝承歌〔ジョン・ヘンリー〕を取りあげています。黒人たちはブルーズの歌詞をつくるときにバラッドの物語性を参考にしたのです。

里中　「物語性」ということでいえば、ブルーズは気が滅入ることだったら何でも歌にしようとした。心の内側も外側も、上半身も下半身も、彼らを悩ますことすべてが歌詞になった。たしかなのは、ブルーズの下地は、南部に暮らす黒人の暮らしと生活感情にあったということですね。

†奴隷解放とブルーズの誕生

バーダマン　こんにちのわれわれが知っているようなブルーズが成立したのは19世紀後半のことですが、ニグロ・スピリチュアル（黒人霊歌）が奴隷制の時代に生まれたのに対し、ブルーズは奴隷解放のあとになって誕生した音楽だということを強調しておきたい。

里中　レコードに吹き込まれた最初のブルーズ曲は、1920年のメイミー・スミスのものだといわれていますが、ブルーズはそれ以前にすでにできあがっていた。それにしても、奴隷解放（1865年）後のわずか数十年のうちにブルーズという音楽形式を黒人たちが生みだしたということに驚かされます。まだ被抑圧的な生活環境にあったというのに。

バーダマン　奴隷として農作業に従事していた黒人たちは、南北戦争後に解放されはしたものの、職業技術は未熟、これまでどおり農作業をやるといっても、土地、設備、農具があるわけではなかった。いわゆる「奴隷解放宣言」（1863年）によって自由になれるとわかった黒人奴隷たちは、合衆国政府から「40エーカーの農地と一頭のラバ」が与えられるという共和党議員の提案に希望を抱いていた。しかし、残念ながら、期待された土地は「期待」のまま終わってしまった。

里中　『ジェーン・ピットマン／ある黒人の生涯』（1974年）はTV映画の傑作ですが、

南北戦争後に「自由人」となった黒人の生活をリアルに描いています。彼らは法的にはアメリカ人として認められたのに、社会からは拒絶されたままでした。

バーダマン　黒人たちは土地の所有者にはなれず、けっきょくはシェアクロッパー（借地小作人）になって、土地を一定期間白人から借り受け、収穫物の3分の1から3分の2を地主に支払うしかなかった。彼らの多くは、テネシー州のメンフィスからミシシッピ州ヴィックスバーグに広がる、木の葉の形をした広大な「デルタ」地帯に新天地を求めた。しかし、彼らを待ち受けていたのは、奴隷時代と変わらぬひどい仕打ちでした。そうしたなかで、ブルーズが誕生する。そのプリミティヴなブルーズは、カントリー・ブルーズ（南部のブルーズ）とか、デルタ・ブルーズと呼ばれています。

里中　扇の形をしたそのデルタ地域は、南部黒人にとって、劣悪きわまる環境の代名詞でした。さらに、黒人の政治参加を禁じたり、教育を制限したり、公共施設の使用を認めない「ジム・クロウ法」(Jim Crow laws) なる法律がつくられると、黒人の人権は大きく侵害されていきました。奴隷解放後のフリーダム（自由）とは、ひとりの人間としての権利を認められることをいいますが、南部の黒人に自由はありませんでした。

バーダマン　黒人の投票権は〝合法的〟に剝奪され、学校、交通機関、劇場、レストランなど、あらゆる公共施設において人種分離がなされました。

里中　くわえてクー・クラックス・クラン（Ku Klux Klan）などの白人優越主義団体が、目立った行為をする黒人に対しては、家屋を焼き討ちしたり、リンチの制裁を与えた。

バーダマン　黒人がリンチにあっても、司法はその死を「犯人不明」としてしまう。罪を告発されたとしても、陪審員は全員、白人男性で、誰ひとりとして黒人を弁護しなかった。現実問題として、黒人がこのような不正に満ちた法の執行から、みずからの身を守るすべはありませんでした。そうしたなかでブルーズが生まれた。

里中　ブルーズの歌詞には、黒人シェアクロッパーによる、白人農園主に対する怨み節がかなりあります。日々の生活の苦しさをまぎらわそうとして、さまざまな怨念と情念を歌詞に込めた。ブルーズというのは、黒人たちの疎外感、欲求不満、やるせない思いを歌いあげたものです。しかしながら、１８００年代の後半はまだ録音技術がなかったため、そのような音源は何ひとつ残されていない。

バーダマン　１９１０年代から20年代に活動していたデルタ・ブルーズの有名な歌手に、チャーリー・パットン、サン・ハウス、スキップ・ジェイムズ、ビッグ・ジョウ・ウィリアムズ、ロバート・ジョンスン、ブッカ・ホワイトなどがいますが、彼らの残した録音は、だからこそ歴史的遺産ともいえます。１９４５年以降でいえば、ジョン・リー・フッカー。彼はデルタ・ブルーズのプリミティヴな部分を受け継いでいます。

2　ブルーズの歌詞とサウンド

†ブルーズは何を叫んでいるのか

里中　きつい仕事を強いられた黒人たちは、叫ぶように歌うフィールド・ハラーやワーク・ソングと呼ばれる労働歌を歌いながら、タバコ栽培や綿摘みや鉄道敷設作業の辛さに耐えました。もちろんそれらの歌は無伴奏でした。

バーダマン　おもしろくない労働や孤独から気をまぎらわせるために、なんでも思ったことを歌った。やがて、それらの歌は集団のものになり、河川で働く者たちはリヴァー・ハラー、漁業に従事する者はフィッシャーマン・ハラーと呼ばれる歌を口ずさむようになった。ハラー（Holler）というのは「（不平を訴える）叫び」という意味です。

里中　そうした歌では、リーダーとなる人がひと節を歌うと、そのあとからみんながついて歌う、いわゆるコール＆レスポンスが多かった。これは苦痛を軽減するにとどまらず、仲間意識を高めることにもなった。

バーダマン　ブルーズは奴隷が解放されたあとの19世紀後半に起源をもつとされるけど、

1800年代に入ると、奴隷たちの多くは西アフリカやカリブ海地域からの〝輸入〟によってではなく、ほとんどがアメリカ生まれの2世、3世で占められるようになる。1800年代の初頭に200万人だった黒人の数は、南北戦争（1861〜65）のころには400万人に膨れあがっている。この増加はほとんど自然増でした。

里中　それは、すなわち英語を母語としてあやつる黒人たちが出現したということを意味する。

バーダマン　そのころになってやっと感情を吐露する歌詞を英語でつくることができるようになったということですね。

里中　ボブ・ディランやライ・クーダーなどがとりあげたことで注目されたブラインド・ウィリー・ジョンスン（"Blind" Willie Johnson, 1897–1945）のように、ゴスペルともブルーズともつかぬ歌手もいますが、スピリチュアルやゴスペルが正義と愛と希望を歌うのに対し、ブルーズは孤独、苦悩、差別、挫折、官能、失恋、絶望などの個人的な経験を赤裸々につづっている。

バーダマン　そもそもブルーズは「ブルー」（青）からきた言葉で、「うら悲しい」とか「憂鬱《ゆううつ》な」といった意味をもっている。「ブルーズ」というのは、生活のなかに充満している「憂鬱な気分」のことで、そうした心情を吐きだした歌が「ブルーズ」と呼ばれるようになったのです。

里中　ブルーズの歌詞は、その多くが三行一組で成り立っています。ひとつの行が二度くりかえされ、そのあとにその二行に応じるものとして三行目がくわえられる。いわゆるAAB型の三行詩ですね。この三行目がいわゆる〝オチ〟になっていて、そこにユーモアやペーソスが漂う。歌詞も、I got the blues（ブルーズにとりつかれてしまった）とか、I woke up this morning, jinx all around my bed（朝、起きあがると、不吉がもうあたりに漂っている）といった慣用句が多い。不吉がたれこめてくると、ブルーズがのしかかってくる。歌詞の背後には、行きづまった現実が立ちはだかっている。

バーダマン　やり場のないブルーの感情を吐き出すのがブルーズ。何をやってもうまくいかない、にっちもさっちもいかないとなったら、ブルーズを歌うしかない。ブルーズは感情を吐露する音楽。だから、その声はミシシッピ川のようにいつも濁っている。

里中　酒をあおり、自暴自棄になって、しわがれた声でブルーズを吐きだす。聴いているほうは、身につまされて、心が惑い、感情的になり乱暴になる。いさかいも起こる。

バーダマン　それでブルーズは「邪悪な音楽」と呼ばれるようになりました。

里中　ゴスペルが「聖」なる音楽、ブルーズが「俗」なる音楽といわれるゆえんですね。ブルーズは下品で猥褻《わいせつ》な音楽なので、「悪魔の音楽」と教会側からいわれることもありました。しかし、ブルーズが神を否定しているかというとそうではない。「聖」なるものとの結びつきを模索している歌詞はたくさんあるし、行間には神の愛を渇望する声が充満しています。

バーダマン　ブルーズの歌詞を読むと、政治的なメッセージを発したり、歴史的な事件についてコメントすることはまずありません。ひたすら個人的な苦悩を感情的に述べるのがその特徴です。

里中　官能的な歌詞もまた多い。性愛関係がうまくいっていないとか、エロティックなことをしたいとかね。性的能力を誇る歌詞も多い。

バーダマン　ブルーズマンたちが女のことを歌った理由は、B・B・キングの言葉にすべてがいい尽くされています。「南部の黒人の男が、女にふられたら、すべてを失う。ほかに何も持っていないのだから」。

†ギターにしゃべらせる

里中　19世紀の終わり近くになると、南部にギターが入り込みます（メキシコから伝わったという説が有力）。

バーダマン　ハラーにギターという楽器が添えられて、ハーモニーが生まれた。

里中　ブルーズの発展に大きく寄与したものにジャグ・バンド（jug band）という音楽スタイルがあります。ギター、ハーモニカ、バンジョー、ジャグ（ビン）、手製のフィドル（ヴァイオリン）、ウォッシュボード（ブリキ製の洗濯板）、スプーンなど、身のまわりにあるものを楽器の代用とした小編成のバンドで、メンフィスを中心にして、20年代後半に全盛期を迎えました（50年代半ばにイギリスへ飛び火し、「スキッフル」と呼ばれて大流行する）。

バーダマン　ヴォードヴィルやメディスン・ショー（Medicine Show　効能をしゃべる薬売りと芸人が見世物をする移動興行）の要素も取り込み、にぎやかな演奏を披露しました。ブルーズは、ハープをはじめ、ジャグ・バンドからさまざまな楽器を取り入れています。葉巻箱のフィドルを奏でたり、川岸のトウの茎でつくった横笛を吹く連中もいた。しかし、なんといっても、聴く者を惹きつけたのはギターでした。

里中　ブルーズ・ギターといえば、もともとはアクースティック・ギターで、エレクトリック・ギターが広く使われるようになるのは40年代になってから。特徴的なのは〝ボトルネック奏法〟です。

バーダマン　スライド・ギターの一種ですね。

里中　弦を指で押さえずに、ビンの首（ボトルネック）なんかの器物をスライドさせることで、スラーのかかったメロディを奏でる。

バーダマン　テキサスでは、ビンの首じゃなくて、ナイフの柄《え》を使って弾くブルーズマンもいました（ナイフ・スライド奏法）。ボトルネック奏法によって、スライド、グリッサンド、ヴィブラートなど、表現力に富んだ効果が生みだされました。これらによって、嘆き、震え、泣きが奏でられた。ボトルネック・ギターの名手といえば、ミシシッピ州出身のエルモア・ジェイムズ（Elmore James, 1918–63）ですが、彼の演奏では、引き裂くような絶叫ヴォーカルに、縦横無尽のボトルネック奏法の合いの手が入る。

里中　12小節に3コードというのが基本的なブルーズの形式ですが、ブルーズにおいてギターが欠かせぬものになったのは、歌い手が望む陰影効果をつくりだせたからです。ギターは「もうひとりの自分」で、歌手のブルーな気持ちに共鳴してくれる。ギターは歌手と分離したものではなく、歌い手の延長というか、自分の肉体の一部として感情を語る。

バーダマン　ヴォーカル・ラインをまねるだけでなく、ハーモニーでこたえてくれる。「ギターにしゃべらせる」のがブルーズ・ギターの特徴。

里中　ブルーズにエレクトリック・ギターを持ち込んだ最初の人物といわれるT－ボーン・ウォーカー（T-Bone Walker, 1910–75）を聴くと、ギターはまるで自分の相棒のようですね。

バーダマン　それはスティヴィ・レイ・ヴォーン（Stevie Ray Vaughan, 1954–90）のような戦後世代のギタリストについてもあてはまります。

里中　単弦奏法のギタリストにはロニー・ジョンスン（Lonnie Johnson, 1899‒1970）がいる。繊細なベンディングとこまかなヴィブラートで聴く者を魅了する。

バーダマン　B・B・キングが憧れたというのもわかりますね。ニューオリンズ出身のロニー・ジョンスンは20年代から活動している、いわばブルーズ草創期のひとり。それを思うと、彼のギター・テクニックは驚嘆に値する。

里中　ギターといっても、１９００年ごろはいまのように簡単に手に入らなかったでしょうからね。

バーダマン　ほとんどが自作のディドリー・ボウ（針金の弦が一本だけついた単純な楽器だけで演奏していました。ブルーズをロックンロールへとつなげたボウ・ディドリー（Bo Diddley, 1928‒2008）は、芸名をそこからとっている。

里中　９弦ギターで有名な放浪のブルーズマン、ビッグ・ジョウ・ウィリアムズ（Big Joe Williams, 1903‒82）も、最初はお手製のディドリー・ボウからスタートしたといっています。ギターによるラグタイムを確立した盲目のギタリスト、ブラインド・ブレイク（Blind Blake, 1896‒1934）は、１９２０年代をつうじてもっとも卓越したプレイヤーのひとりですが、彼もまた粗末なギターからスタートしたのは間違いない。

バーダマン　本格的にギターを志す者は、次に通信販売でギターを手に入れる。通信販売のカタログを見てギターを注文するんです。１９０８年のシアーズ・ローバック社のカタログを見ると、いちばん低価格のギターは１ドル89セントです。

†ブルーズ・ハープの名手たち

里中　とはいえ、ブルーズマンになろうとする男がまず買ったのはハープ（ハーモニカ）でした。

バーダマン　なんといっても値段が安いからね。マディ・ウォーターズなんかも、最初はハープから始めている。ジューク・ジョイント（安酒場）や土曜の夜のフィッシュフライ（魚のフライをメインにしたパーティ）のときによく吹いたといいます。

里中　一般に使われているハーモニカは複音だけど、ブルーズ・ハープは単音で１穴２音式。ひとつの穴が、吹く音と吸う音で別の音が出るようになっている。

バーダマン　ハープの名人には、ソニー・ボーイ・ウィリアムスンがいます。ややこしいことに、ソニー・ボーイ・ウィリアムスンは二人いて、二人ともハープの名手です。ソニー・ボーイ・ウィリアムスンⅠ（Sonny Boy Williamson I, 1914–48）のほうは主として戦前に活躍、ソニー・ボーイ・ウィリアムスンⅡ（Sonny Boy Williamson II, 1899–1965）のほうは戦後のシカゴ・ブルーズに大きな足跡を残した。40年代以降は、ハンド・マイクを使用して音量を電気増幅させることが多くなり、なかでもマディ・ウォーターズのサウンドに欠かせなかったリトル・ウォルター（Little Walter, 1930–68）がダイナミックな演奏を聴かせています。50年代のシカゴ・ブルーズは彼のハープなしには語れません。

里中　そのリトル・ウォルターに認められたのは、ポール・バターフィールド（Paul Butterfield, 1942–87）で、シカゴ生まれの白人のハープ奏者です。もともとはクラシック畑でフルートを学んでいたけど、ブルーズ・ハープに魅せられた。

バーダマン　マディ・ウォーターズ、ハウリン・ウルフ、オーティス・ラッシュなども、ポール・バターフィールドの才能を高く評価している。『イースト・ウェスト』『Fathers and Sons』などのアルバムでその腕前を披露しています。

リトル・ウォルター『ヘイト・トゥ・シー・ユー・ゴー』（Chess、1969年）

3　デルタ・ブルーズのレジェンド

†W・C・ハンディの〝発見〟

里中　W・C・ハンディ（William Christopher Handy, 1873–

1958）の自伝『ブルーズの父』（未邦訳、*Father of the Blues*）には、彼がはじめてブルーズの演奏を耳にしたときの有名な逸話があります。アラバマ生まれのハンディは、コルネット奏者として、またアラバマ・ミンストレルのバンド・リーダーとしての活動をデルタ地帯のクラークスデイルで始めた。1903年のある日、駅で9時間遅れの列車を待っているうち、ハンディは居眠りをしてしまった。すると不意に肩をつかみ、揺さぶり起こす音楽があった。すぐそばで、ボロをまとい、靴から足がのぞいている黒人の男が、ナイフをギターの弦に押しつけてブルーズを弾いていた。ハンディはその音楽に打ちのめされた。それがきっかけとなって、ハンディはブルーズのとりこになり、メンフィスに活動の拠点を移し、ブルーズの採譜につとめました。

W・C・ハンディ（1941年、アメリカ議会図書館蔵）

バーダマン　ブルーズの起源について、彼は「ブルーズは1900年代の初期に、虐げられた南部に住んでいた無学文盲のニグロのなかから出てきたものである」と書いています。また、彼自身、〈メンフィス・ブルーズ〉〈セントルイス・ブルーズ〉〈ビール・ストリート・ブルーズ〉などを発表している。

里中　ハンディはギターを背にデルタを放浪する伝統的なブルーズマンではなく、演奏旅行の途上でブルーズをたまたま〝発見〟したミュージシャンにすぎません。ブルーズを楽譜出版したはじめての人で、創造よりも〝意味づけ〟をしたことで「ブルーズの父」と呼ばれている。しかも、トラディショナルなブルーズのメロディをアレンジして、その著作権者になっている。

バーダマン　しかし、ハンディがいたからこそ、「ブルーズ」という言葉がひろがったわけだし、レコーディングによってブルーズを商業ベースに乗せることができた。ちなみに、この偉大な「ブルーズの父」の彫像は、メンフィスのビール・ストリートぞいの、ハンディの名を冠した公園に立っています。

†悪魔のクロスロード

里中　デルタ・ブルーズの元祖といえば、チャーリー・パットン（Charley Patton, 1891–1934）。声もギターも暗く、重苦しい。けれど、その調和が見事。

バーダマン　そのチャーリー・パットンとしばしば共演したのがサン・ハウス（Son House, 1902–88）。昼間はトラクターの運転をしながら、夜は酒場でギターを弾いた。代表曲〔プリーチン・ザ・ブルーズ〕の歌詞を見ると、バプティスト教会に入ってゴスペル・

ロバート・ジョンスン（1935年頃）

ブルーズを歌おうか、なんて書いている。ゴスペルへいくか、ブルーズを歌うかで迷っていたみたい。

里中　そして、そのサン・ハウスからギターを教えてもらったのが、伝説のブルーズマン、ロバート・ジョンスン（Robert Johnson, 1911–38）。エリック・クラプトンは、ロバート・ジョンスンを「歴史上もっとも重要なミュージシャン」と崇《あが》めています。

バーダマン　ロバート・ジョンスンの短い生涯には多くの謎めいた伝説が残されています。毒殺されたというのもそうですが、なかでも有名なのが「十字路《クロスロード》で悪魔と取り引きした」というもの。

里中　ジョンスンがどこで「悪魔」に出会ったか誰もわかりはしませんが、ミシシッピ州のハイウェイ49号と61号とが交わる十字路がそこだという伝説があります。

バーダマン　ジョンスンよりもひと世代上のサン・ハウスによると、彼のまわりをウロウロしていた若いジョンスンが数か月のあいだ姿を消して、戻ってきたときには年配のブルーズメンたちが舌を巻くようなギターを弾くようになっていたという。このことから、

「やつは真夜中に十字路で悪魔に魂を売り渡した」という噂が広まりました（この神話は1986年の映画『クロスロード』でドラマ化）。

里中　日本では、ブルーズに魂を捧げた、という美しいイメージで語られています。

バーダマン　クリスチャンは、肉体が死んでも、魂は永遠の生命をもつと確信しているから。悪魔に魂を売ってしまえば、その人間は無と化す。霊も魂も消え去ってしまう。クリスチャンはいまもなお、永遠の魂を失うことをもっとも恐れていて、しばしば肉体の死よりも恐れている。ブルーズマンの放浪の旅には、こうした恐怖がつねにつきまとっていました。誰にも看取られずに死んでいくという恐怖がね。

里中　ジョンスンはミシシッピ川の沿岸都市からシカゴまで旅してまわり、西はテキサスにも足を延ばしています。ダラスでは、遺産となる29曲を録音しました。その後、人妻と恋に落ち、その夫からウィスキーに毒を盛られて27歳で亡くなったと伝えられています。こうして伝説はますます信憑性のあるものになっていきました。しかし、ジョンスンへの評価は、そうした伝説ではなく、ソロにもかかわらず、バンドの音を出しているギター奏法に向けられるべきです。

バーダマン　ひとりの演奏とは思えないね。〈カム・オン・イン・マイ・キチン〉などを聴くと、ギターがさまざまな声をあげているように聞こえる。

里中　低音弦でウォーキン・ベースをつま弾き、残りの弦でコードやオブリガートを奏でる。そのアクーステック・ギター奏法においてブルーズの歴史に名を残しています。グリール・マークス（音楽評論家）は「彼の音楽にはカントリー・ブルーズにはそれまで見られなかった震えと刺激的なリズムがある」だけでなく、「ソロにもかかわらず完璧なロックンロール・バンドの音がする」（『ミステリー・トレイン』）と書いています。

バーダマン　のちのロック・ギタリストにインスピレーションを与えたエルモア・ジェイムズも、もとはといえばロバート・ジョンスンの影響下にありました。

†フライヤーズポイントとクラークスデイル

里中　「デルタ」の中心にフライヤーズポイント（ミシシッピ州）という小さな村があります。ここはブルーズの歴史を語るときに欠かせない場所ですね。

バーダマン　さびれた商店がいくつかあり、人々は路上にたむろして、何かおもしろいことがないかと待ちかまえている。その村の一角にベンチが置かれており、そこを通過する車はスピードを落とすようにとの表示がある。ベンチ自体は何の変哲もないものですが、ブルーズ・ファンにとっては史跡ともいえるベンチです。このベンチこそ、ロバート・ジョンスンがチップ目当てにブルーズを弾いていた場所だった。そして、農場のトラクター運転手マッキンリー・モーガンフィールドという黒人の若者が、ベンチの前でじっとその演奏に耳を傾けていた。その少年はのちにマディ・ウォーターズの名前で世に知られることになる。

里中　また、フライヤーズポイントの近くにミシシッピ・デルタの中心都市クラークスデイル（ミシシッピ州）がある。クラークスデイルは、ミュージシャンたちが放浪し、仕事を探して北部へ渡っていった「ブルーズの聖地」とされていますが、ここはどんな場所だったのでしょうか。

バーダマン　安酒場、売春宿、賭博場などがあふれていました。ブギ・スタイルのギターを確立したジョン・リー・フッカー（John Lee Hooker, 1917–2001）なんかは、この地で生まれて、ブルーズマンになっています。いまのクラークスデイルにはデルタ・ブルーズ博物館があり、マディ・ウォーターズがかつて住んでいた小屋なんかも保存されている。また、その近くには俳優のモーガン・フリーマンがオーナーに名を連ね、

土曜日午後のクラークスデイル（1939年頃、アメリカ議会図書館蔵）

地元の選りすぐりのミュージシャンがライヴ演奏を聞かせるグラウンド・ゼロ・ブルーズ・クラブもある。さらに、以前は黒人専用の病院であったリヴァーサイド・ホテルもブルーズ・ファンが訪れる巡礼地となっている。なぜなら、この病院は交通事故にあったブルーズの女帝、ベッシー・スミスが息をひきとった場所だから。ベッシーは近くの病院に搬送されたものの、白人専用の病院だったので受け入れを拒否され、ようやくクラークスデイルの黒人専門病院に移送されたものの、まもなく息絶えてしまいました。

†メンフィスという聖地

里中　テキサス出身のブルーズマンといえば、まずブラインド・レモン・ジェファスン（Blind Lemon Jefferson, 1893–1929）の名を挙げなくてはなりません。ブルーズの初期段階、いわゆる「カントリー・ブルーズ」の先駆者といわれています。

バーダマン　ブルーズ研究家のポール・オリヴァーは「もっとも偉大なシンガーのひとり」との賛辞を送っていますね。

里中　生まれながらのブラインド（盲目）で、ブリキのコップにお金をめぐんでもらうために、街角に立ってブルーズを歌った。のちにジョイント（安酒場）の仕事にありつき、その後、シカゴに移りますが、レコーディング・キャリアは1925年ごろから始まります。女と酒が好きで、ウィスキー1本と女を世話すれば、カネのことでとやかく文句をいわなかったとか。

バーダマン　カントリー・ブルーズらしくメロディはくりかえしが多いけれど、繊細なギター奏法を聴かせる。歌詞はセックスをほのめかすものが多く、その表現力は卓越しています。

里中　偉大なブルーズマンのライトニン・ホプキンズ（Lightnin' Hopkins, 1912-82）は8歳のときに、テキサスの教会でブラインド・レモンの演奏を聴いており、以後、数回にわたってギターの手ほどきを受けている。

バーダマン　エレクトリック・ブルーズギターの先駆者のひとりであるT－ボーン・ウォーカーなどもレモンからギターを教わっています。

里中　そのほか、メンフィスを中心にして活躍したブルーズマンには、ジム・ジャクスン、フランク・ストークス、スリーピー・ジョン・エスティスなんかがいます。

バーダマン　彼らの音色を聴くと、メンフィス・ブルーズというだけあって、デルタ・ブルーズよりもくつ

ブラインド・レモン・ジェファスン（1926～29年頃）

ろいだというか、都会的に洗練された感じがします。ギター・テクニックもありますね。

里中　ブルーズを奏でようと思ったら、身近な人からテクニックを盗むしかない。それが当時のやり方。録音や録画の機器はもとより、教則本もない。ミシシッピ州で生まれ育ったブルーズ界の大物、B・B・キング（B. B. King, 1925-2015）もそんなふうに育ったひとりでした。

バーダマン　彼は路傍に腰をおろし、かたわらにチップ用の帽子を置き、ゴスペルを歌った。「帽子に集まったお金がおれの希望だった」とB・Bは回想しています。暇さえあれば、地元のクラブの前をうろつき、ドアや窓からもれてくる音楽に耳をすます。しかし、ここにいては芽が出ないと思い、トラクター運転手の仕事を辞め、弦が5本しかないギターを片手にメンフィスに向かった。戦後まもない1947年のことでした。

里中　デルタ地域の黒人にとって、あこがれの都会がメンフィスだったようですが、メンフィスの何が彼らを魅了したのでしょうか。

バーダマン　メディスン・ショー、ヴォードヴィル、ダンス音楽、ジャグ・バンド・ミュージック、ブルーズ、ありとあらゆる音楽がメンフィスで育っていました。そして、その中心がビール・ストリートだった。「ビール・ストリートの大騒ぎを聞くにはゆうに一年はかかる」といわれるほど（笑）、当時は〝なんでもあり〟でした。売春、賭博、殺人……半ば無法地帯でした。

里中　B・Bの名も「ビール・ストリート・ブルーズ・ボーイ」（Beale Street Blues Boy）に由来しますね。

バーダマン　もし故郷にとどまっていたら、青年はB・B・キングになることはなかったでしょう。メンフィスは、どんな音楽であれ、差別をしなかった。メンフィスのような町は、おそらくアメリカのどこを探してもなかったでしょう。黒人に理解を示していたとされる北部の諸都市でも、そうした環境にはなかった。メンフィスが「黒」と「白」との融合の場所であるという象徴的な話をしましょう。1956年12月7日、ふたりの「キング」が出会った。「キング・オヴ・ロックンロール」のエルヴィス・プレスリー（21歳）と「キング・オヴ・ザ・ブルーズ」のB・B・キング（31歳）。ふたりとも、ビール・ストリートで育っています。そこでエルヴィスは、「お礼をいわなくちゃ。以前からあなたの音楽を聴いて、いろいろと学ばせてもらいました」とB・Bに丁寧に語りかけたのですが、当時、白人ミュージシャンが黒人ミュージシャンの楽屋を訪れて敬意の言葉を口にするなんてことは考えられないことでした。いい話でしょ。場所はメンフィスにあるエリス・オーディトリアムというコンサート会場の舞台裏でした。

†南部農村から北部都市へ

里中　南部の綿花地帯で生まれた田舎のブルーズ（デルタ・ブルーズ）は、南部の都会メンフィスへ出て（メンフィス・ブルーズ）、1930年代、セントルイス、シカゴ、デトロイトといった北部都市へと広がります（シティ・ブルーズ）。戦後になると、アンプリファイド（電気によって音が増幅されたという意味）され、とりわけシカゴのブルーズが注目されるようになります（シカゴ・ブルーズ）。また、北部だけでなく中西部や西海岸など、広範囲にわたる都市でブルーズが盛んになり（アーバン・ブルーズ）、B・B・キングを中心とした、より洗練されたブルーズも登場します（モダン・ブルーズ）。

バーダマン　ブルーズが〝発見〟されて、世に出てきたのは1920年ごろでした。20年代になると、録音技術がすすみ、25年あたりからマイクロフォンが普及して、ようやく電気録音が可能になった。こうした事情とブルーズの広がりは無縁ではありません。

里中　もともとブルーズは、ハウス・パーティやジューク・ジョイント（安酒場）のわずかな客を相手に、ギターをかかえた男がひとりで歌うものでした。それが、20年代の半ばを過ぎると、南部のブルーズ歌手たちが、レコーディングのために、北部の都市シカゴを訪れるようになる。

バーダマン　1910年から20年のあいだに南部からシカゴへ移った黒人はおよそ6万人。ミシシッピ川を北上していくと、その終点にシカゴがあった。その意味でも、シカゴは南部の黒人にとってはなじみのある場所でした。

里中　20年代は、軍需産業が発達し、その需要に応じて、南部からさらに多くの黒人が北部の工業都市へ移動した。第一次世界大戦と第二次世界大戦のあいだに起こった人口の移動は「グレート・マイグレーション」（黒人の大移動）と呼ばれています。30年代になると、シカゴに住みつくブルーズ・ミュージシャンがふえ、「シカゴ・ブルーズ」と呼ばれる都会のブルーズが定着します。とはいえ、もちろん南部に残ったブルーズ・ミュージシャンもいたわけで、カントリー・ブルーズが消滅したわけではありません。

バーダマン　カントリー・ブルーズが存続するいっぽうで、シカゴ・ブルーズをはじめとするシティ・ブルーズが生じることになったということね。

里中　20年から30年代のブルーズに影響を与えたものにブギ・ウギ（Boogie-woogie）というピアノがありますが、これが都会と田舎の両方を共存させていて、たいそう面白い。繊細で軽快な右手は都会的でメロディック、低音のベースラインを弾く左手は田舎ふうで黒っぽい。田舎から都会に出てきた黒人のありようを感じさせます。

バーダマン　面白い比喩だね。ブギ・ウギにはそうしたアンビヴァレント（二律背反的）

な要素がたしかにありますね。ブギ・ウギ奏者といえば、とくに有名なのはジミー・ヤンシー（Jimmy Yancey, 1898–1951）、ルーズヴェルト・サイクス（Roosevelt Sykes, 1906–83）、ミード・ルクス・ルイス（Meade Lux Lewis, 1905–64）、メンフィス・スリム（Memphis Slim, 1916–88）、ピート・ジョンスン（Pete Johnson, 1904–67）などですね。

†シカゴの巨人たち

里中　19世紀末には、全黒人のうち、ほぼ90パーセントが南部に住んでいたけど、差別のない環境とよりよい賃金を求めて、１８９０年から１９３０年までに、なんと１５０万人が北部に移動したといわれています。ほとんどが都市部に住み、未熟練労働者や白人家庭の使用人として働いた。

バーダマン　北部への移住が本格的に始まったのは、１９１０年代の半ば。第一次大戦にともなう労働力の需要が増大したことと、ＫＫＫ（クー・クラックス・クラン）などによる黒人へのリンチが顕在化してきたことによる。

里中　白人たちはすべてにおいて黒人よりも優越していることを認めさせようとしたわけですね。この慣例を破れば、暴力による報復が待っていた。

バーダマン　通りで白人とすれ違えば、帽子をとって挨拶し、どうしようもない白人連中にさえ「旦那」「奥様」をつけることになっていた。だから、黒人たちは差別の激しくない北部を目指した。

里中　それから鉄道の発達も忘れてはならない。とくにイリノイ・セントラル鉄道（1851〜1999）が開通すると、黒人たちはそれに沿うように垂直に移住しはじめました。

バーダマン　ミシシッピ州、ルイジアナ州、テネシー州などの黒人はシカゴを目指し、ノース・キャロライナ州とサウス・キャロライナ州の黒人たちはニューヨークやフィラデルフィアなどの東海岸へと向かった。こうした事情を理解すれば、ブルーズがシカゴで発展した理由がわかるでしょう。

里中　ナッシュヴィル（テネシー州）生まれで、インディアナポリス（インディアナ州）で育ったのが、シティ・ブルーズの元祖で、名曲〈ハウ・ロング、ハウ・ロング・ブルーズ〉（1928年）を残したリロイ・カー（Leroy Carr, 1905–35）です。ブギ・ウギの影響を受けたピアノ・スタイルは南部のギターを中心にしたカントリー・ブルーズと比べると、洗練されたブルーズとの印象を受けます。

バーダマン　ギターのスクラッパー・ブラックウェル（Scrapper Blackwell, 1903–62）と組んだその演奏はシティ・ブルーズの大いなる発展に寄与しました。

里中　第二次大戦後のシカゴ・ブルーズといえば、最大の大物はマディ・ウォーターズ

マディ・ウォーターズ『ベスト・オヴ・マディ・ウォーターズ』（Chess、1958年）

（Muddy Waters, 1913–83）です。彼もまたミシシッピ・デルタからシカゴへやってきたひとり。サン・ハウスとロバート・ジョンスンの影響を受けて育ちました。この芸名（本名はマッキンリー・モーガンフィールド）は、ミシシッピの田舎で泥んこ遊びばっかりやっていたから、姉妹たちに「マディ・ウォーターズ」（泥んこ水）とからかわれたことに由来する。汽車でシカゴにやってきたのは、1943年、28歳のときでした。マディ・ウォーターズは、シカゴではじめてエレクトリック・ギターを手にしていますが、彼の功績は、ミシシッピのブルーズをエレクトリックなものにして、泥臭さを金属的なリズムで包み込んだこと。これによってソリッドなブルーズ・ビートがつき、ドライヴ感がでた。それからバンド・サウンドを完成させたこと。リトル・ウォルター（ハープ&ギター）、ジミー・ロジャース（ギター）、オーティス・スパン（ピアノ）、ウィリー・ディクソン（ベース）、エルジン・エヴァンス（ドラムス）といった優秀なメンバーが加わって、ブルーズをエレクトリック・バンドで演奏するフォーマットをつくりあげた。

バーダマン　英国の若者たちも彼に夢中になりました。ローリング・ストーンズが、マディの50年に吹き込んだ「ローリング・ストーン」から名前をとったのは有名な話。

里中　一般に「シカゴ・ブルーズ」と呼びならわしているのは、1940年代の後半に起こった、エレクトリック中心のブルーズのことですが、その担い手は、じつはメンフィスをはじめとする南部からやってきた者たちだった。マディのほか、B・B・キング、リトル・ウォルター、オーティス・ラッシュ（Otis Rush, 1935–2018）、マジック・サム（Magic Sam, 1937–69）、バディ・ガイ（Buddy Guy, 1936–）などの才能がシカゴで開花しました。

バーダマン　ジョニー・シャインズ（Johnny Shines, 1915–92）、ハウリン・ウルフ（Howlin' Wolf, 1910–76）なんかのレジェンドもそうですね。

里中　なかでもB・B・キングは、ジャズの要素を取り入れたギター・アドリブと、ゴスペルがかったシャウト唱法で人気を博しました。ヴィブラートをきかせたスクィーズ奏法をあみだしたことでも有名です。

B・B・キング『ライヴ・アット・ザ・リーガル』（ABC、1965年）

バーダマン　B・Bが戦後のブルーズ界、そしてブラック・ミュージック界、白人ロック界に及ぼした影響は、一冊の本になるほどでしょう。アルバムもたくさん出しているけど、あえて一枚選ぶならば、65年のシカゴでのライヴを録音した『ライヴ・アット・ザ・リーガル』かな。

里中　アドリブをやってもリリカルで、しぜんと構成美ができてしまう。リズム感が素晴らしく、そこへ効果的なベンディング（チョーキング）が加わる。影響を受けたギタリストとして、彼はT－ボーン・ウォーカー、エルモア・ジェイムズ、ジャンゴ・ラインハルトなどの名を挙げています。

バーダマン　それから、テキサス、ルイジアナ、アーカンソーあたりからカリフォルニア州（サンフランシスコ、ロサンジェルス、オークランドなど）へ移住したミュージシャンもいますね。T－ボーン・ウォーカーやライトニン・ホプキンズなどがそう。

里中　とはいえ、ブルーズはまだ黒人のもので、白人が聴く音楽ではなかった。しかし、60年代に入ると、白人大学生たちのあいだでフォーク・ブームが起こり、その一環として若い白人たちにブルーズへの興味が起こり、サン・ハウスやミシシッピ・ジョン・ハート（"Mississippi" John Hurt, 1892–1966）といった老ブルーズマンたちが〝再発見〟された。スリーピー・ジョン・エスティス（Sleepy John Estes, 1899–1977）なんかはとっくに死亡していたものと信じられていたので、生きているのを知ってブルーズ愛好者はびっくりした。

バーダマン　彼らによって初期ブルーズの輪郭が明らかにされ、ブルーズはいっそう輝かしさを増すことになりました。

4　女性ブルーズ・シンガーたち

†メイミー・スミスからマ・レイニーまで

里中　ここまで男性のブルーズマンの話ばかりでしたが、女性ブルーズ・シンガーの存在を忘れてはなりません。やはり、まずはメイミー・スミス（Mamie Smith, 1883–1946）の名をあげなくてはなりません。

バーダマン　彼女は、黒人の女性歌手として初めて録音をした人ですね（１９２０年）。〔Crazy Blues〕や〔It's Right Here For Me〕を大ヒットさせました。

里中　戦前の歌手ですね。ヴォードヴィル出身。

バーダマン　全部で１００曲ほど録音しています。楽団の音量にも負けない豊かな声量の持ち主でした。

里中　それから、ミンストレル・ショーあがりのアイダ・コックス（Ida Cox, 1888–1967）。ピアノと調和した歌声がいい。

バーダマン　そのせいか、ジャズっぽい感じが漂っている。

マ・レイニー（1917年）

里中　アルバータ・ハンター（Alberta Hunter, 1895–1984）は12歳から歌いはじめ、有名になったあと、60歳で看護婦に転身、そして82歳でカムバック。評伝も出版され、「アメリカの国宝」とまでいわれました。

バーダマン　メンフィスで生まれ、その後、シカゴに移った。安酒場やキャバレーで歌い、ニューヨークに出てレコーディングをおこないました。

里中　表現力に幅がありますね。とくに30年代の、ピアノの伴奏のみで歌う曲が素晴らしい。

バーダマン　ベッシー・スミスが歌って有名にした〈Down Hearted Blues〉は、アルバータ・ハンターの曲でした。

里中　20年代になると、「クラシック・ブルーズ」と呼ばれる女性ブルーズが登場します。ブルーズのレコーディング史において、もっとも初期に録音されたので、のちに〝クラシック〟と名づけられました。まずは〈ムーンシャイン・ブルーズ〉で有名なマ・レイニー（〝Ma〟 Rainey, 1886–1939）。ニックネームが「レイニーかあちゃん」（マ・レイニー）というだけあって、母親が子どもをあやすように歌う。１００曲ほどレコーディングをしています。

バーダマン　彼女はアルトの声でさまざまな情感を歌いあげる。〔シー・シー・ライダー〕〔ボー・ウィーヴィル・ブルーズ〕などの名唱を残していて、ルイ・アームストロングを伴奏につけて歌ったこともある。

†ベッシー・スミス以後

里中　彼女の後継者がベッシー・スミス（Bessie Smith, 1894-1937）ですね。20年代から30年代にかけて活躍。「ブルーズの女帝」とか「ブルーズの皇后」と呼ばれることもあるように、その人気と名声はいまも語り継がれています。圧倒的な声量を誇りながら、聴く者を包み込むような歌い方をする。

ベッシー・スミス（1936年、アメリカ議会図書館蔵）

バーダマン　教会のような包容力がありますね。とはいえ、〔Nobody Knows You When You're Down and Out〕みたいな歌（「金の切れ目が縁の切れ目」というような歌詞）も歌っている。彼女が歌うのを聴いていると、情景やら人の顔まで浮かんでくる。その表現力は驚くほど豊かです。

里中　ビリー・ホリデイやマヘリア・ジャクスンにも影響を与えたというのがよくわかる。
バーダマン　現代では、ノラ・ジョーンズなども、ベッシー・スミスの大ファンだといっています。
里中　戦前のシカゴで活躍した女性といえば、メンフィス・ミニー（Memphis Minnie, 1897–1973）がいます。13歳（1910年）で家出、メンフィスのビール・ストリートへ行き、路上でギターを弾いていたという。30年代の初頭にシカゴにたどりつき、数多くのレコーディングをしました。ギターの弾き語りを基本としていますが、カントリー・ブルーズの〝凄み〟を感じさせます。
バーダマン〔Kissing In The Dark〕〔Hoodoo Lady Blues〕〔I'm A Bad Luck Woman〕などを聴くと、可憐さもあるものの、ぶっきらぼうともいえる〝凄み〟もありますね。
里中　それから、ビッグ・ママ・ソーントン（"Big Mama" Thornton, 1926–84）。体が大きく、歌声は力強い。歌いっぷりも自信満々。ゴスペル、ブルーズ、ソウル、リズム＆ブルーズと、なんでも歌ってみせる。
バーダマン〔ハウンド・ドッグ〕を最初に録音したのは彼女でした。のちにエルヴィス・プレスリーが歌ったことで、彼女は忘れられてしまったけど。ビッグ・ママが書いた〔ボール・アンド・チェイン〕もジャニス・ジョプリンが歌って有名にしました。

里中　あと、ココ・テイラー（Koko Taylor, 1928–2009）。力強いシャウトで名を知られています。チェス・レコード時代の録音がいいですね。

バーダマン　〔Wang Dang Doodle〕が有名ですね。彼女もメンフィスからシカゴに移ったひとり。70年前後のレコーディングがいい。

里中　エタ・ジェイムズ（Etta James, 1938–2012）。白人の父親と黒人の母親とのあいだに生まれた女性シンガー。ポップな曲もたくさん歌ったけど、やはりブルーズ色の強いライヴ・アルバム『エタ・ジェイムズ・ロックス・ザ・ハウス』がいい。

バーダマン　バラク・オバマが大統領に就任したとき、式典でエタの持ち歌だった〔At Last〕をビヨンセ（Beyoncé, 1981–）が歌いました。また、チェス・レコードをモデルにしたミュージカル映画『キャデラック・レコード　音楽でアメリカを変えた人々の物語』（2008年）で、ビヨンセがエタ・ジェイムズを演じています。

『エタ・ジェイムズ・ロックス・ザ・ハウス』（Argo、1963年）

里中　ボニー・レイット（Bonnie Raitt, 1949–）は、サン・ハウスに衝撃を受けてブルーズの世界にのめり込んだ白人女性。女性のスライド・ギタリストといえば彼女。ハウリン・ウルフやジョン・リー・フッカーなどのブルーズマンとの交流をもっていました。

バーダマン　彼女は白人女性でありながら、R＆Bやブルーズの黒人アーティストから高い評価を受けています。根っからのブルーズ好きで、「リズム・アンド・ブルーズ基金」を設立して（１９８８年）、アーティストの支援と作品の保存にも力を注いでいます。

第3章　アルバム紹介

Yazoo, 2006

V.A.

Before the Blues :The Early American Black Music Scene Vol. 1

「ブルーズ」という音楽形式が成立するまえのアメリカン・ミュージックを“発掘”したのが本アルバム。英国からもたらされたオールド・バラッド、フィドルとバンジョーが奏でるダンス・チューン、ブルーズやジャズの語法を思わせるラグタイムなどを収録。シリーズで第3集まで出ており、どれも出色の編集。(里)

Rhino, 1993

V.A.

Blues Masters Vol. 11 : Classic Blues Women

「クラシック・ブルーズ」は、ブルーズが録音されるようになった1920年代の、女性シンガーによるブルーズを指す。「ヴォードヴィル・ブルーズ」と呼ばれることもある。メイミー・スミス、マ・レイニー、ベッシー・スミス、アイダ・コックス、ビリー・ホリデイなどの歌声をまとめて聴くことができる好盤。(バ)

Wolf Records, 2015

Blind Blake　ブラインド・ブレイク

The Best Of Blind Blake

ギターによるラグタイムを確立した名手としてブルーズの歴史に名をとどめるブラインド・ブレイクの1926年から31年にかけての名演集。そのフィンガー・ピッキングには定評があり、ライ・クーダーも影響を受けたひとり。曲の構成力において卓越しており、リズム感も群を抜いている。ブルージーな歌声も多彩をきわめる。(里)

Columbia, 1990

Robert Johnson　ロバート・ジョンスン

The Complete Recordings

1936年と37年の計5回にわたるセッションで吹き込んだ全29曲の41テイクをまとめたもの。それまで知られることのなかった貴重な写真をジャケットにした2枚組CDとして世に出るや、すぐさま世界的ベストセラーとなり、ブルーズ界のレジェンドとして位置づけられた。ここには、汲めども尽きぬブルーズのアイディアが凝縮されている。(バ)

Columbia, 1990

Leroy Carr　リロイ・カー

Whiskey Is My Habit, Good Women Is All I Crave: The Best Of Leroy Carr

ブルーズの色調を大きく塗り替えたのがリロイ・カー。彼の最大の功績は、カントリー・ブルーズに都会的な洗練さを持ち込んだことにある。抑制されたピアノの音とリズムに、スクラッパー・ブラックウェル（ギター）の単弦奏法がおしゃれにからむ。詩情豊かなメランコリックな歌詞と甘酸っぱくやるせない声も大きな魅力だ。(里)

Collectables, 1990

Lightnin' Hopkins　ライトニン・ホプキンズ

Mojo Hand

タバコをふかしながら、ウィスキーをちびちびやり、なんの飾り気もなく、"不良おじさん"で生涯をとおしたテキサスのブルーズマン、ライトニン・ホプキンズ。ドスの効いた声と軽快なブギで、稲妻（ライトニン）のごとき閃光を放つ。全部で9曲収録されているが、どれを聴いてもブルーズの醍醐味が味わえる。ライトニンはやはり偉大であった。(里)

Chess, 1958

Muddy Waters　マディ・ウォーターズ

The Best of Muddy Waters

マディ・ウォーターズ絶頂期の1948年から54年までの名演を集めたベスト盤（とはいえ、これが彼の最初のアルバム）。泥水（マディ・ウォーターズ）のようなミシシッピ・スタイルのブルーズを、シカゴで電気につなげ、都会のブルーズに変換してみせた。その力強いブルーズはいまなお色褪せることはない。リトル・ウォルター（ハープ）にも注目。(バ)

ABC, 1965

B.B.King　B・B・キング

Live At The Regal

1964年の冬、シカゴのリーガル劇場で、熱いライヴがおこなわれた。ステージには絶頂期のB・B・キングがいて、ブルーズを叫び、ギターをスクィーズさせている。ときおりB・Bが聴衆に語りかけると、あちこちから嬌声があがる。ブルーズのキングは終始、聴衆の心をつかんではなさない。この歴史的名盤でブルーズの興奮を味わってほしい。(バ)

第4章

ジャズとニューオリンズ

There is two kinds of music,
the good, and the bad.
I play the good kind.

Louis Armstrong

音楽には2種類ある。
いいのと悪いのと。
俺がやっているのは、いいほうのやつさ。
――ルイ・アームストロング

1 聖地ニューオリンズ

†黒人奴隷とコンゴ・スクウェア

里中 音楽的観点からジャズを簡単に説明すれば、「遅れて拍子を打つバック・ビート（4拍子の1拍目と3拍目におくアクセントを、2拍目と4拍目にずらして演奏する）をリズムにもち、即興演奏を生命とする音楽」ということができます。

バーダマン 歴史的見地からいえば、「黒人のアフリカ音楽と白人のヨーロッパ音楽が融合して、ニューオリンズ（ルイジアナ州）で生まれた音楽」と定義することができます。

里中 南部は「ディキシーランド」ともいわれますが、「ディキシーランド・ジャズ」（Dixieland Jazz）と「ニューオリンズ・ジャズ」（New Orleans Jazz）の違いは何でしょうか。

バーダマン 同じだとする人もいますが、黒人ジャズと白人ジャズを分けて、黒人系のものを「ニューオリンズ・ジャズ」、白人系のものを「ディキシーランド・ジャズ」と呼ぶ人もいます。

里中 さて、ニューオリンズはジャズの聖地として有名ですが、ミシシッピ川がメキシコ湾に流れ込もうとするあたりにニューオリンズは位置している。そこは18、19世紀をつうじて、南部でいちばんの貿易港でした。また、かつては奴隷貿易の中心地としても知られていた。

バーダマン　1808年に奴隷の輸入が全面的に禁止されるまでは史上最大規模の奴隷市場がありました。また、カリブ海地域との交易も盛んだった。

里中　ニューオリンズは、もともとスペインとフランスが交互に統治した地域です。そして、1803年、イギリスからエジプトを奪い取ることに専念したかったナポレオン(フランス)は、ニューオリンズだけでなく、ルイジアナ全域(ミシシッピ川以西の土地)をわずか1500万ドルで売却し、北アメリカから撤退した。

バーダマン　だから、ニューオリンズにはフランスの名残りがたくさんある。そもそも「ルイジアナ」という名前は、フランスの探検家ラ・サールが国王ルイ14世に敬意を表して命名したものですし、ニューオリンズもフランスの地名オルレアンにちなんで「新オルレアン」(La Nouvelle Orleans)と名づけられたのです。また19世紀になると、フランス語をしゃべるハイチの黒人が多数ニューオリンズへやってきた。そういう事情もあって、ニューオリンズには、スペイン人、フランス人、イギリス人、黒人、クリオール人(白人と黒人のあいだに生まれた者)と、いろんな人種が暮らしていた。

里中　初期のジャズ・ピアニストで、クリオールのジェリー・ロール・モートン（Jelly Roll Morton, 1890-1941）は「ニューオリンズは地球上のあらゆる人種の吹きだまりのような町だった。もちろん多かったのはフランス人だが、スペイン人もたくさんいて、スペインの曲もずいぶん聴いたものだ」と回想しています。くわえて、カリブ文化の影響も大きい。ニューオリンズのピアニストたち、たとえばジェイムズ・ブッカー（James Booker, 1939-83）、プロフェッサー・ロングヘア（Professor Longhair, 1918-80）、アラン・トゥーサン（Allen Toussaint, 1938-2015）、ドクター・ジョン（Dr. John, 1940-／この芸名はニューオリンズにいたヴードゥー教の司祭の名からとられている）などは、カリビアンふう、ラテンふうのリズムをもったピアノを弾きます。

バーダマン　ニューオリンズには、ニグロ・スピリチュアル、カリブ海の島々の陽気な踊り、スペインの民謡、フランスのダンス音楽、イギリスのマーチ音楽や賛美歌などが混在していた。

里中　むろん、そこで生まれる文化は混血文化になる。単独でそれぞれが存在していたわけではない。混ぜ合わさって、シチューのようにぐつぐつ煮えていた。

バーダマン　ニューオリンズの人種構成は、おもに白人、ク

ジェイムズ・ブッカー
『ジャンコ・パートナー』
（Island、1976年）

リオール（ムラート、白人と黒人の混血）、黒人という3つの層からできていました。くわえてフランス語がとび交い、宗教はプロテスタントではなく、カトリックが主流。そして、重要なことは、肌の色の違いによる抑圧が、ほかの南部の都市とは比べものにならないくらいゆるやかだったということ。

里中　ニューオリンズの黒人奴隷たちは、他の地域の奴隷よりも〝自由〟を享受していたわけですね。

バーダマン　南部諸州の黒人法（ブラック・コード）はきわめて抑圧的なものだったけど、ニューオリンズの黒人法（フランス語でコド・ノワール）は、黒人の諸権利を明確にしていました。たとえば、日曜日と宗教上の祝日には強制労働を免除されていたし、土地を与えられていた者もいて、彼らは農作物を市場で売りさばくこともできた。南部のほかの地域では考えられないことだった。

里中　彼らには、奴隷所有者から監視されない自由時間もあった。

バーダマン　黒人たちはフレンチ・クォーター（中心部）に出かけ、トレメ地区にある広場、コンゴ・スクウェア（現在はルイ・アームストロング公園と呼ばれている）につどうことができた。彼らは大きな声で歌い、太鼓を打ち鳴らした。1805年、コンゴ・スクウェアでの踊りが許可されると、ニューオリンズの街々へ黒人の歌と踊りがひろがっていった。

里中　太鼓はアフリカ生まれ。コンガやボンゴといった打楽器もアフリカ産。コンガという名前は、コンゴという地名が変化したものです。

バーダマン　ヴードゥー教の儀式も太鼓を使っておこなわれました。

里中　19世紀の初めにニューオリンズを訪れたある旅行者は、コンゴ・スクウェアに500人ほどの黒人が集まり、太鼓を叩いたり、輪になって踊ったりするのを目撃しています。

バーダマン　19世紀の半ばになると、打楽器のほかに、トライアングル、フィドル、タンバリン、ハーモニカといった楽器も登場している。

里中　1877年からおよそ10年間をニューオリンズで暮らしたラフカディオ・ハーン（小泉八雲）は、コンゴ・スクウェアでくりひろげられた踊りについて、「その奇妙な踊りは太鼓の音に合わせて終日続いた」と記録し、音楽については「そのエンドレスな音は、

フレンチ・クォーター（1880〜97年頃、アメリカ議会図書館蔵）

あるときはうら悲しい、こみあげてくる嗚咽《おえつ》のように聞こえ、またあるときは猛り狂ったようにも聞こえた」（「コンゴ広場」）と書き記しています。

バーダマン　強烈なリズムと奇妙な踊りに、白人たちは目をみはったようです。

†ストーリーヴィルという歓楽街

里中　ジャズが生まれたと考えられる20世紀の初めごろ、ニューオリンズの人口はだいたい30万人たらずでした。

バーダマン　黒人は、そのおよそ四分の一弱、7万人ぐらいだったと考えられる。そこからジャズが誕生する。

里中　一般に、ジャズの発祥の地といえば、ニューオリンズの歓楽街であるストーリーヴィル地区ということになっていますね。

バーダマン　一般に広まっている神話とは異なり、ジャズはストーリーヴィルで生まれたのではありません。コンゴ・スクウェアやストーリーヴィルはジャズが育ったところ、というのが私の考えです。ジャズの先駆者のなかには、ストーリーヴィルが誕生するまえにこの世を去った者もいるし、一度もそこで演奏しなかった者もいる。ストーリーヴィルはそれぞれのジャズ・スタイルをつくりだす場所を提供したというべきでしょう。

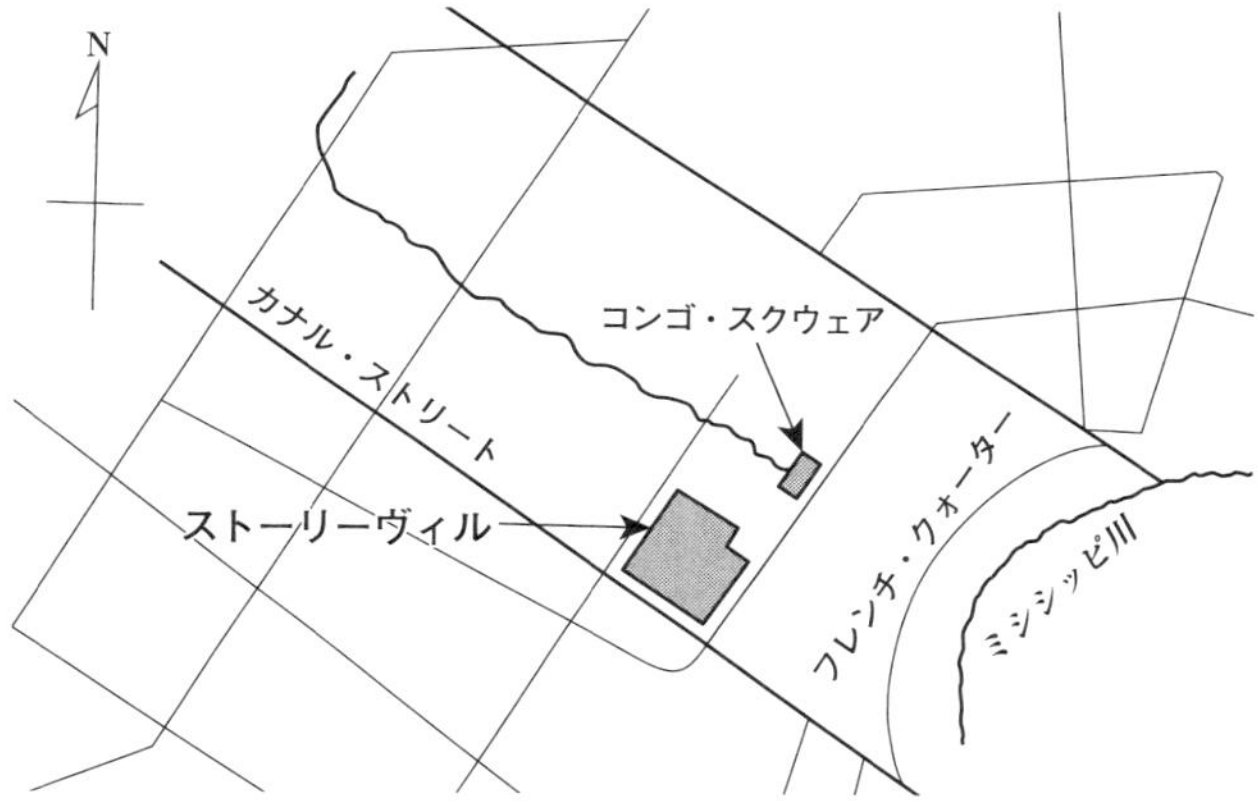

ストーリーヴィル周辺の地図

里中　ニューオリンズは港町だから、歓楽街のストーリーヴィルには、むかしから売春宿がたくさんあった。長い航海を終えて陸に戻ってきた水夫、また船でミシシッピ川をくだってきた流れ者などが客だった。

バーダマン　ストーリーヴィル地区以外の売春は非合法だと市が宣言すると、およそ2200人もの売春婦がストーリーヴィルに集まり、とてつもなく大きな歓楽街になった。

里中　娼婦の館では、どんなふうにジャズが演奏されていたのでしょう。

バーダマン　一階フロアで、客が酒やポーカー賭博、音楽や踊りを楽しんだあと、好みの女を選んで二階へあがりました。

里中　そのサロンで奏でられていた音楽がジャズ？

バーダマン　ラグタイムというピアノ音楽です。
里中　ドンチャカやる連中は？
バーダマン　その周辺の酒場、ボールルーム（ダンスホール）、キャバレーなんかで大きな音をだしていた。
里中　ストーリーヴィルという地区は、１８９８年（1月1日）から１９１７年（11月12日）まで、軍の命令で閉鎖されるまでの約20年間存在していました。
バーダマン　ストーリーヴィルの近くにあるフレンチ・クォーターでは、いまでもいたるところで生演奏を聴くことができます。なかでもプリザヴェーション・ホールは伝統的なジャズを聴かせるもっとも有名な場所で、入場料がひじょうに安く、本場のジャズを楽しむことができます。

†なぜニューオリンズでジャズが生まれたのか

里中　ジャズの演奏が、はじめてレコードに記録されたのは１９１７年。ニューオリンズ出身のＯＤＪＢ（オリジナル・ディキシーランド・ジャズバンド）によるものでした。
バーダマン　彼らはみな白人だった。ニューオリンズ時代に、リアルタイムで録音された黒人ジャズのレコードは一枚も残されていません。

里中　黒人の音楽が広範囲にわたって録音されるようになったのは、第一次世界大戦以後です。というわけで、胎動期のジャズがどんなものだったのか、あまり知られていません。

バーダマン　ジャズの原型は一般に、ニューオリンズの黒人社会にあった友愛団体のブラスバンド（楽隊）から誕生したものだといわれています。そうした互助団体に所属して、資金を積み立てれば、相互扶助を得ることができ、葬式をだすこともできた。誰かが死んだ場合、黒人牧師と教会員たちが葬儀をとりしきってくれた。

里中　その葬儀に、黒人やクリオールは、ブラスバンドを雇う風習があったそうですね。

バーダマン　ええ。そうしたブラスバンドは、墓場への葬列の先頭に立ってしんみりと行進して、賛美歌の〈主よ、みもとに近づかん〉なんかを奏でるのです。

里中　ダージ（dirge：哀歌）ふうの葬送曲ですね。

バーダマン　ゆっくりとしたテンポでダージを奏でながら墓場までいく。墓は棚のようになっていて、その横穴式の墓穴に遺体を押し込む。数年ののち、その穴に、次の棺を押し込むと、腐った棺と骨が向こう側に落ちる。そういう仕掛けになっていました。そして、土葬がすむと一転、陽気な楽曲を演奏しながら町へ戻ってくる。

里中　死者の魂が天国に迎えられるようにと、あえて明るい曲を演奏したようですね。

バーダマン　パレードが進むにつれ、ホットな曲を演奏するようになる。1920年ごろは、〈聖者が街にやってくる〉〈Oh! Didn't He Ramble〉などが奏でられました。

里中　いわゆるセカンド・ライン（second line）ですね。

バーダマン　そう。葬儀のパレードでは、ファースト・ライン（第一集団）に故人の遺族が並ぶ。セカンド・ライン（後続集団）はブラスバンドの音楽に魅せられてファースト・ラインのあとについて参列する人々を指します。

里中　セカンド・ラインは、お祭り騒ぎが好きな連中で、パレードの主催者そこのけに音楽を楽しむ。そこには、笑顔、おどけた身ぶり、ダンスが見える。

バーダマン　セカンド・ラインが盛りあがってくると、ファースト・ラインの未亡人もつられて、いつのまにか腰をセクシーにふったりして愛嬌をふりまいている。

里中　マーチング・バンドからジャズの芽が吹きだしたということですが、楽器がよく手に入りましたね。

バーダマン　南北戦争や米西戦争のあと、軍楽隊はしばしばニューオリンズで解散しました。それで、楽団員は、質屋に楽器を売り払って、それぞれの故郷に戻った。このおかげで、コルネット、クラリネット、トランペット、トロンボーン、テューバ、肩かけ式のドラムにシンバルなどの払い下げの楽器を、黒人たちは安い値段で手に入れることができた。結果、奴隷解放後、音楽に仕事を求めた黒人たちは、祝祭パレードや葬儀の行進などで演奏するブラスバンドとして活躍しました。

里中　そうした楽器は、もともとクラシック音楽のためのものでした。つまり、ヨーロッパ的、白人的な要素が、はじめからジャズに含まれていたということを意味する。

バーダマン　そうです。それらの楽器を使って、マーチやカドリーユ音楽（フランスのダンス音楽）の真似ごとをやっていた。楽器を手にした黒人たちがすぐさま使いこなしたかというと、むろんそうではないでしょう。奏法なんてぜんぜん知らない。音楽理論を知っているわけでも、楽譜が読めるわけでもない。勝手に音をだしているだけのノヴェルティ・バンド（novelty band＝コミックバンド）だった可能性が高い。でも、慣れ親しむにつれて、行事のペップ・バンド（pep band＝景気づけ楽団）になっていった。

里中　ジャズの重要な側面に「アドリブ」もしくは「インプロヴィゼイション」と呼ばれるものがありますが、そうした即興的な要素は、黒人たちが楽器を手にしたときからずっとあったのでしょう。コレクティヴ・インプロヴィゼイション（集団即興演奏）というジャズ用語がありますね。めいめいがそのときの気分で音をだしながら曲の色合いと方向が決まっていく演奏法。あれを思いだします。

バーダマン　即興性というのは、ジャズのごく初期から内在していた大きな活力です。その意味で、ジャズは、楽譜に忠実であろうとするクラシック音楽の対極にあるものともいえます。

†忘れられたラグタイム

里中　初期のジャズにおけるヒーローはトランペッターですが、彼らがストーリーヴィルの高級娼館の客間で大きな音をだしていたわけではありません。そうしたところでは、もっぱらラグタイム（ragtime）が演奏されていた。

バーダマン　ラグタイムは、１９００年ごろから20年代半ばまで広く人々に知れ渡ったピアノ音楽です。映画『スティング』のバックで流れているリズミカルなピアノ、あれがラグタイムです。

里中　左手で4分の2拍子の低音リズムを刻みながら、右手でシンコペートする高音のメロディを弾く。クラシック音楽と同じように楽譜どおりに演奏されます。シンコペートするリズムは、セクシーな踊りにぴったりでした。ラグタイムは、ブラスバンドと並んで、ジャズの形成に寄与した音楽形式なのに、どういうわけか、不当な扱いを受けている。

バーダマン　ピアノがヨーロッパ音楽を想起させるので、ジャズ史からは切り捨てられてしまった。始まりがピアノであったことが災いした。それから、ラグタイムは「作曲された音楽」であったから、ジャズが重視する即興性とは相容れなかったのでしょう。

里中　ヨーロッパ生まれのブラスバンドを黒人音楽の文脈にとり込んで、脱ヨーロッパ化させたことでジャズが生まれた。たとえば、サックスなんかは西洋の楽典に載っていない変則的な吹き方をすることで、脱ヨーロッパ化をはかった。しかし、ピアノは音色が決まっているので、揺らしたり、うねらしたり、ひずませたりすることができない。

バーダマン　それは卓見。ピアノは、もっとも遅れて黒人の手に入ったヨーロッパ楽器でしたし、ピアノではスウィングしづらかった。

里中　とはいえ、シンコペーションや、カリブとか中南米のダンス・ミュージックを思わせるリズムは、ヨーロッパ産ではないことがわかります。

バーダマン　のちにジャズ・ピアニストといわれる人たちの多くは、自分たちの演奏する音楽を「ラグタイム」だと思っていました。本人みずから「ジャズの創始者」であると自称したクリオールのジェリー・ロール・モートンは、ジャズ・ピアニストであり作曲家ということになっているけど、ラグタイムあがりなのは間違いありません。じっさい彼はストーリーヴィルの娼館でも弾いていた。デューク・エリントンもまた、1920年代の後半までラグタイム・ピアノを弾いていました。

里中　このようにジャズの形成に大きく寄与したラグタイムですが、その最大の功労者はスコット・ジョプリン（Scott Joplin, 1868–1917）です。彼こそ、ジャズ史に名を刻まれるべ

スコット・ジョプリン

きです。元奴隷の父母をもち、テキサス州に生まれています。独学でピアノを習得し、セントルイスに移り住んでからは、サロンや売春宿でダンス音楽を演奏した。セダリアで暮らすようになってからは、旺盛に作曲もしていた。

バーダマン ミズーリ州のセントルイスから西のカンザスシティまでの地域がラグタイム・ピアノの本場でした。セダリアはミズーリ州のほぼ中央部にあって、「ラグタイムの都」といわれましたが、スコット・ジョプリンが住み暮らした町や演奏旅行へ出かけた土地がすなわちラグタイムの聖地になっている。

里中 彼がセダリアにあったクラブの名にちなんで作曲したのが名曲〈メイプル・リーフ・ラグ〉です。ラグタイムはスコット・ジョプリンの作品の多くに不朽のあとをとどめている。

バーダマン ラグタイムは、またたく間に国じゅうに広まって、とくにニューヨーク、アトランティックシティ（ニュージャージー州）、ボルティモア（メリーランド州）などで大流行します。

里中 シカゴの黒人街で流行したもうひとつのピアノ・スタイルであるブギウギも、ラグタイムの影響を受けています。ピアノを8ビートで打楽器のように弾くブギは、黒人音楽そのものです。

バーダマン　ブギウギ・ピアノの大御所ピート・ジョンスンは、ビッグ・ジョウ・ターナーとともに〔シェイク・ラトル・アンド・ロール〕などを演奏、ロックンロール・ピアノの基礎を築きました。ラグタイムはジャズの、ブギ・ウギはロックンロールの誕生に貢献していることを強調しておきたい。

†クリオールという香味

里中　ジャズの成り立ちについて論じるとき、クリオールにふれないわけにはいきません。フランス語で「クレオール」（英語では「クリオール」という）といえば、「植民地生まれ」を指す言葉でした。フランス人が海外に進出して植民地をつくると、やがてそこで生まれ、本国を知らない子どもたちが出てくる。そういう子どもを「クレオール」と呼びました。フランス語へはポルトガルやスペインから入ってきたといわれています。

バーダマン　アメリカで「クリオール」といえば、最初のうちはルイジアナ地区に植民したフランス人とスペイン人の、現地生まれの子どもたちを指していた。そのクリオールは、ニューオリンズを建設し、奴隷を酷使して、優雅な生活を送っていた。その後、フランス人と黒人女性とのあいだに子どもが生まれ、そうした混血の子どもたちもクリオールと呼ばれるようになった。やがて、白人と黒人の混血の子たちはすべてクリオールになった。時代と場所によって、クリオールの意味は異なっているのです。

里中　そこで、クリオールは「白人」か「黒人」かという問題が浮上する。

バーダマン　アメリカでは一般に、黒人の血が一滴でも混じっていれば、どんなに白人のような容姿をしていても「黒人」とみなされます。ところが、ニューオリンズにおいては、クリオールは「白人」だとみなされていた。1850年ごろは、フランス語をしゃべり、フランスに留学し、ヴァイオリンを奏で、ピアノを弾き、楽譜が読めるクリオールがずいぶんいました。

里中　ニューオリンズのフレンチ・クォーターに生まれたルイス・モロー・ゴットシャルク（Louis Moreau Gottschalk, 1829–69）はその筆頭格です。そのピアニストとしての才能は、ショパンやリストにも認められています。父親はイギリス系のユダヤ人で、母親はハイチ出身のクリオール。彼はカリブ海経由のアフリカ系音楽やスペインの民俗音楽のリズムを吸収しながら、クラシック・ピアノを学んだ。

バーダマン　ゴットシャルクはアメリカにおけるポップ・スターの第一号といっていい。演奏会の会場へは多くの女性が押し寄せ、コンゴ・スクウェアの黒人たちは彼のつくった

〈バンブーラ〉（副題は「黒人のダンス」）を踊った。国内だけでなく、パナマ、ペルー、チリ、アルゼンチン、ウルグアイ、ブラジルなど、行く先々で絶賛の声を浴びた。

里中　クリオールは、フランス語をしゃべり、カトリックを信仰し、教育水準も高かった。また、音楽的には、前述のとおり楽譜が読め、楽器を〝正しく〟精緻に演奏することができた。ところが、１８９４年、「クリオールもまた黒人と同様に扱う」という条例ができて、彼らの地位は転落。クリオールたちは、黒人と同様、人種差別という屈辱を味わうことになった。それまで黒人を蔑視していたクリオールが黒人と同じ身分になってしまったわけです。

バーダマン　それにより、黒人とクリオールは、互いに激しい憎悪をむきだしにするようになった。

ルイス・モロー・ゴットシャルク

里中　しかし、それがいい結果を生んだ。奴隷解放令によって地位のあがった奴隷の子孫と、地位のさがったクリオールがブラスバンドで一緒に演奏することで、ジャズという新しい音楽の誕生につながった。

バーダマン　黒人とクリオールが反目しながらも競い合うことで、音楽に香味が加わったわけです。ルイ・アームストロングを育てたキング・オリヴァー（King Oliver, 1885–1938）のバンドは、その名も「クリオール・ジャズバンド」でした。

里中　やがて、クラシック音楽の素養があるクリオールは楽譜の読めない黒人に西洋音楽の技法を伝授するようになり、黒人は黒人で、祖先から脈々と受けつがれたリズム感覚をクリオールたちに見せつけた。黒人が即興スタイルと荒々しいパワーを重視すれば、クリオールは繊細な技術と様式の美しさを披露した。こうして、ジャズの生まれる下地ができあがっていった。

バーダマン　黒人とクリオールの持ち味が、たえず衝突をくりかえすことで、ジャズは活力のある音楽に成長したわけです。

†ルイ・アームストロングの偉業

里中　1917年、ストーリーヴィルが閉鎖されました。これはジャズメンにとって、かなりショッキングな出来事だったのではないでしょうか。

バーダマン　アメリカは突如として、第一次大戦への参加に踏みきりました。それで、戦時体制を敷くため、ニューオリンズの港湾地区は海軍基地になった。ストーリーヴィルが閉鎖されたのは、風紀の紊乱《びんらん》と性病の蔓延を危惧してのことです。

里中　職場を失ったジャズメンたちにとって、いちばん手近な働き口は、ミシシッピ川を行き来する外輪船での演奏でした。観光を目的とした大型船には、たいていジャズメンが乗っていた。ミシシッピ川を北上してシカゴを目指す者もいた。

バーダマン　１９００年代に入ると、ミシシッピ川を往来する蒸気船は、にぎやかなパーティに興じる人たちであふれていました。１９１８年、そうした蒸気船のひとつに、若きルイ・アームストロング（Louis Armstrong, 1901-71）の姿を見つけることができる。

ルイ・アームストロング（1953年、アメリカ議会図書館蔵）

里中　愛称のサッチモというのは、口が大きかったから。Such a mouth!（なんて口だ！）がなまったとか。

バーダマン　カバン（satchel）のような口（mouth）という説もあります。で、そのサッチモは、シカゴへ行くまえの１９２２年まで、蒸気船シドニー号とキャピタル号で演奏していました。サッチモが楽譜の読み方を学んだのもこれら遊覧汽船の上でした。伝説によれば、白人のジャズマン、ビックス・バイダーベックは、船上のルイ・アームストロングの演奏を16歳ではじめて聴いたのだそう。

里中　ジャズ草創期の大物で、サッチモの師匠であるキング・オリヴァーから来いといわれて、シカゴに腰を落ち着けた彼は、シカゴの黒人だけでなく、白人の若者たちをも魅了します。

バーダマン　そのころのシカゴは、黒人が集まるサウスサイドと白人たちのいるノースサイドに分かれていた。サウスサイドのにぎやかな街の雰囲気に刺激されて、ジャズに興味を示す白人の若者たちが相次いだのですが、そのなかに、のちに「キング・オヴ・スウィング」として有名になるベニー・グッドマンもいました。

里中　サッチモがジャズ史上に残した最大の功績は、集団での即興演奏スタイルをソロ中心のスタイルに変えたこと。彼は、コルネット、トランペット、どれをとってもその腕前は超一流だけど、歌唱の基本もつくっている。インストゥルメンタル（楽器だけの演奏）だけのジャズに、歌唱をのせたのです。サッチモがジャズの基本スタイルをつくりあげたといっても過言ではありません。

バーダマン　しわがれているけれど、深い情感をたたえた歌声。くわえて軽快なスキャット・ヴォーカル。

里中　1925年から29年にかけて、シカゴとニューヨークで録音された『ザ・コンプリート・ホット・ファイヴ・アンド・ホット・セヴン・レコーディングズ』を聴くと、サッチモのすごさがよくわかります。

バーダマン　そればかりか、サッチモが暮らしたニューオリンズ、シカゴ、ニューヨークをスケッチすれば、それがそのまま初期ジャズの足跡になる。

里中　しかし、そのサッチモにも悲劇はあった。彼は白人たちにとって「いいニグロ」でいるため、道化を演じなければならなかった。

バーダマン　20年代、30年代のジャズの巨人は、みな道化者になりきった。

里中　少なくともサッチモは、マイルス・デイヴィスのように、拍手をしても笑顔を見せずにステージを降りたり、チャールズ・ミンガスのようにステージから観客にケンカを売るミュージシャンではなかった。

バーダマン　彼らがそんなふるまいができるようになったのは、サッチモたちがジャズの基盤をつくってくれたからにほかなりません。

『ザ・コンプリート・ホット・ファイヴ・アンド・ホット・セヴン・レコーディングス』(Sony、2000年)

2　反動のジャズ史

†禁酒法時代のジャズ

里中　第一次世界大戦の終結から大恐慌までを「ジャズ・エイジ」(Jazz Age) といいますが、この時期はまた「狂乱の20年代」(The Roaring Twenties) と呼ばれる時代と重なります。

バーダマン　さあ、いよいよ華やかなジャズの幕開けといきたいところだけど、1919年、いわゆる「禁酒法」というとんでもない法律が成立して、翌20年に施行されてしまった。

里中　飲んで踊れるところがなければ、ジャズはもうお手あげ。それで「スピーキージー」(speakeasy) というもぐりの酒場に、ジャズは活路を見いだすことになります。

バーダマン　そうして暗黒街のマフィアとジャズの蜜月が始まります。この関係は、1933年に禁酒法が解かれるまで、ほぼ13年間つづきました。

里中　アメリカのど真ん中、ミズーリ州のカンザスシティでは、トム・ペンダーガストという男が、政治だけでなく暗黒街も牛耳っていたため、酒が半ば公然と売られ、賭博場があり、昼夜に関係なくジャズやブルーズが奏でられました。

バーダマン　そして、ブルーズの影響を受けたカンザスシティ・ジャズと呼ばれるスタイルが誕生する。その代表格がコールマン・ホーキンス（Coleman Hawkins, 1904–69）とレスター・ヤング（Lester Young, 1909–59）というテナー・サックス奏者。それからカウント・ベイシー（Count Basie, 1904–84）と彼の楽団。

里中　カンザスシティのジャズについて知りたければ、ロバート・アルトマンの映画『カンザス・シティ』がおすすめ。最高の入門映画です。

バーダマン　ニューオリンズ時代は娼婦街、シカゴ・カンザス時代は暗黒街でジャズは生きのびたわけだけど、かならずしも闇社会に溶け込んでいたわけではなく、表街道と裏街道に片足ずつかけて、つかず離れずうまくやっていた。そのあたりの雰囲気はマリリン・モンローの映画『お熱いのがお好き』（１９５９年）の冒頭部によくあらわれている。

里中　ニューオリンズ以外のところを見ると、ジャズは20年代の後半、ニューヨークをはじめ、都市で勢いよく発展していきます。バンドは大編成になり、リズムは成熟度を増し、ソロイストは表現力を磨いた。

バーダマン　その時期、ニューヨークのハーレムで活躍したのが、デューク・エリントン（Duke Ellington, 1899–1974）とフレッチャー・ヘンダースン（Fletcher Henderson, 1897–1952）。

デューク・エリントン・オーケストラ（出所：Maud Cuney-Hare, *Negro Musicians and Their Music*, The Associated Publishers, Inc., 1936）

彼らはバンド・リーダーとして10人を超える大編成のオーケストラを抱えていた。これは、ニューオリンズやシカゴにはなかった現象です。

里中　酒がダメとなれば、あとは歌って憂さを晴らすしかない、というわけですね。さいわい大都市ニューヨークにはボールルームと呼ばれるダンスホールがあちこちにあり、そのフロア全体を熱気でつつむには大きな音量が必要でした。それがビッグ・バンドが生まれた大きな要因です。

バーダマン　そのころのジャズは、もっぱらダンス・ミュージック、あるいはバックグラウンド・ミュージックです。たとえば、デューク・エリントンはニューヨークの黒人居住区ハーレムにできた白人専用の高級ナイトクラブ「コットン・クラブ」でビッグ・バンドを率いて、着飾った白人たちを楽しませていた。

里中　バンド・リーダーとして、〈A列車で行こう〉〈黒と茶の幻想〉〈サテン・ドール〉などの名演奏を数多く残しています。

バーダマン　楽団は、ワーワー・ミュート（トランペットやトロンボーンの吹き出し口に、お椀のような蓋をかぶせ、それを操作して音色を変える奏法）を使った「ジャングル・スタイル」を確立、デューク・エリントンは一躍人気者となった。

里中　彼自身はピアノ奏者でもあったけど、真の楽器は自分の楽団そのものだった。たとえば、トランペット奏者に「2小節目から、腹をすかせたライオンの子どもが母親を探して唸《うな》っているような感じで入ってきてくれ」というような指示をだす。メンバーは絵の具であり、彼はそれをうまく混ぜ合わせて絵を描いた。

バーダマン　彼は白人客を相手に演奏することが多かったけれど、ネグリチュード（黒人性）を失うことはなかった。彼の率いたオーケストラは、黒人の怒り、悲しみ、喜びをミックスさせて表現し、後世に名を残しました。

†白人ジャズの台頭

里中　アメリカのルーツ・ミュージックをふりかえると、黒人が始めたものを白人が模倣し、いっそう洗練させて大衆にうけるものにした、という現象をくりかえしていますね。

バーダマン　ジャズもそう。白人ジャズの始祖、ビックス・バイダーベック（Bix Beiderbecke, 1903-31）は、コルネット奏者として、それまでにはなかった美しいハーモニーをいまに伝えています（彼の伝記映画に『ジャズ・ミー・ブルース』〔1990年〕がある）。

里中　ジャズ・ヴォーカルはルイ・アームストロングから始まるわけだけど、白人ヴォーカリストが参入するにつれて、フレージング（音の切り方）、ピッチ（音の高低）、ブレス・コントロール（息の使い方）など、洗練の度合いが高まり、表現力が豊かになった。

バーダマン　タップ・ダンスにしても、ビル・ロビンスン（黒人）とフレッド・アステア（白人）の関係がそれにあたります。アステアは、ダンスを洗練の極みにまで到達させている。

里中　さて、1933年、ローズヴェルト大統領が就任すると、アメリカはやっと大恐慌（1929年）以来つづいていた不況を脱しました。

バーダマン　「禁酒法」が解かれたのもその年。大編成によるビッグ・バンド・スタイルのジャズは黄金時代を迎える。

里中　30年代のジャズ界で燦然《さんぜん》と輝いているのは、ユダヤ系白人であるクラリネット奏者ベニー・グッドマン（Benny Goodman, 1909–86）が率いるオーケストラ。不況のあおりで自分のバンドを解散せざるをえなかったフレッチャー・ヘンダースン（黒人）から、そのビッグ・バンド・スタイルの編曲を丸ごと〝買い受け〟、それに洗練の手をくわえることによってダンス・ミュージックとしてのジャズをいっそう輝かせた。速いテンポ、くりかえされる短いフレーズ、軽快なタッチ。その踊りだしたくなるような躍動感あふれるリズムから彼のジャズは「スウィング・ジャズ」と呼ばれ、ジャズは大衆化していきました。

バーダマン 白人ジャズ・バンドが台頭すると、男性ミュージシャンはタキシードやスーツで身をつつみ、女性歌手はきらびやかなイヴニングドレスで盛装した。

里中 スポットライトの光は管楽器やミラーボールにあたってはねかえり、ジャズは華麗をきわめていく。

バーダマン 全米の老若男女が夢中になりました。ジャズ・ミュージシャンはアメリカを代表する大スターになった。

里中 ベニー・グッドマンは、「レッツ・ダンス」というラジオ番組をもち、カーネギーホールでコンサートを開き（１９３８年）、映画にも出演した。

ベニー・グッドマン（1946年頃、アメリカ議会図書館蔵）

バーダマン この時期、ジャズは「スウィング」とか「スウィング・ミュージック」と呼ばれていました。

里中 ニューオリンズから運ばれたこの音楽に、もともと「ジャズ」という名称はなかったのですね。

バーダマン　ジャズ（jazz）は最初、“jass”とか“jasz”と綴られていた。「情熱」とか「熱意」と訳されているけど、裏の意味は「性的奔放《ほんぽう》」であり、南部の黒人語では「性交」や「女性器」のことだった。かなり猥褻な意味があった。

里中　ジャズ（jazz）という名称は、1915年ごろ、シカゴで生まれたとされています。

バーダマン　ジャズという言葉には、黒人音楽であることへの偏見があったし、白人たちは自分たちの家庭に入れたくないという意識がはたらいていた。

里中　また、黒人の音楽を白人がやるというのは“公序良俗”に反していた。

バーダマン　ましてや一緒にステージに立つなど、考えられないことだった。

里中　ベニー・グッドマンのコンボに黒人ミュージシャンが登場したのが1936年。しかし、依然として黒人差別はなくならなかった。黒人メンバーが白人ミュージシャンと同じホテルにチェックインしようとすると、難色を示すホテルもあった。

バーダマン　グッドマンのあとには、トミー・ドーシー（Tommy Dorsey, 1905–56）やグレン・ミラー（Glenn Miller, 1904–44）のビッグ・バンドがつづいたけど、これらはすべて白人による楽団だった。

里中　50年代前半から半ばにかけて、ロサンジェルスを中心に「ウェストコースト・ジャズ」が広がります。これを担ったのも、ほとんどが白人ミュージシャンでした。

バーダマン　映画の都ハリウッドに近いからね。映画音楽を手がけるチャンスがすぐそばにあった。白人はハリウッドのスタジオに入りやすかった。

里中　同じころ（50年代の中期）、イーストコースト（東海岸）の黒人ジャズメンは、力強くエモーショナルな「ハード・バップ」（Hard Bop）と呼ばれるジャズを志向するようになりました。それは、白人たちによる知的で弱々しく感じられるウェストコースト・ジャズへの反発でした。アート・ブレイキー（ドラムス）、ソニー・ロリンズ（テナー・サックス）、セロニアス・モンク（ピアノ）、チャールズ・ミンガス（ベース）などがその代表格です。

バーダマン　ハード・バップは、第二次大戦後の黒人たちの人権意識が生みだしたものだともいえます。「第二次大戦、そして朝鮮戦争をともにアメリカ国民として戦ったのに、なぜ黒人だけがいまだに差別されなければならないのか」という意識のなかで、ハード・バップは醸成されていった。彼らは、白人に、評論家に、ときには共演者にも怒りをぶちまけた。なかにはチャールズ・ミンガス（Charles Mingus, 1922–79）のように、怒りや不満を演奏にぶつけるプレイヤーもいました。

†難解なジャズ

里中　ジャズは誕生からほぼ半世紀を迎えたころ、第二次世界大戦の真っ最中（1940

年代初期）に、アルト・サックスのチャーリー・パーカー（Charlie Parker, 1920–55）やトランペットのディジー・ガレスピー（Dizzy Gillespie, 1917–93）、ピアニストのバド・パウエル（Bud Powell, 1924–66）たちによって一大革命がなされた。

チャーリー・パーカー＆ディジー・ガレスピー『バード・アンド・ディズ』（Verve、1952年／写真は1986年リイシュー盤）

バーダマン　スウィング・ジャズの反動である「ビバップ革命」ですね。ビバップ（bebop）という名称は、もともとはくりだす演奏のせわしなさを表現している擬音語だったけど、ジャズの演奏スタイルを指して用いられるようになった。「ビバップ革命」によって、ジャズがもともと保持していた即興的な要素がふたたびフロントに出てきた。

里中　ナイトクラブの閉店後、ジャズメンたちは夜な夜なジャム・セッションをくりひろげ、自分たちの腕を磨いていた。やがて、使い古しのハーモニーじゃないもの、踊り手に合わせた平易なリズムじゃないもの、そうした新たなジャズを志向する気運が高まった。

バーダマン　それがビバップです。音色は硬質化し、不協和音が多用されました。〝踊るための音楽〟だったジャズは、〝鑑賞する音楽〟への色合いを強めていく。

里中　やがて、ビバップは徐々にジャズの主流になり、スウィングは〝懐かしの音楽〟になっていく。終わりのないジャズの多様化の始まりですね。

バーダマン　ビバップ・スタイル以後のジャズを「モダン・ジャズ」(Modern Jazz) と称するけど、モダン・ジャズは「とっつきにくい」とか「難解な音楽だ」と批判されることが多い。

里中　「メチャクチャをやっているだけだ」とけなす人たちもいる。

バーダマン　たしかに、演奏は複雑でめまぐるしい。あれは曲を演奏しているのではなく、演奏を聴かせているわけです。ジャズは演奏の方法論になったのです。もともとジャズは愉快に踊るための音楽だったのに、高尚な啓示を頭で感じとる芸術音楽になってしまった。

里中　「聴く」という意志をもたない者を拒絶する。こっちから寄り添わなくては楽しめない。でも、感性の枠組みをパフォーマーの演奏に合わせれば、あの世界に入っていける。たとえば、ジョン・コルトレーン (John Coltrane, 1926–67) のサックスは、こちらが胸襟《きょうきん》を開きさえすれば、さまざまな愛についてのインスピレーションを与えてくれる。

ジョン・コルトレーン『マイ・フェイヴァリット・シングス』(Atlantic、1961年)

バーダマン　曲をどう演奏するか。ジャズメンの意識はそこへ向けられている。彼らにとって、曲というものは演奏を聴かせるための素材にすぎない。

里中　曲は素材で、料理人はプレイヤー。素材をアドリブでいかに料理するのかがプレイヤーの腕の見せどころ。アドリブこそがジャズメンの個性になっている。あらかじめ用意された曲の限界を超え、オリジナルの再現をよしとせず、インスピレーションを受け、音の世界に没入していく。いきおい、いろいろな表現法を模索することになった。ジャズは、作曲家の音楽ではなく、演奏家の芸術になった。「怒れるジャズ」と異名をとる前衛的な「フリー・ジャズ」（Free Jazz）なんかは、メロディを破壊することによって成り立っているといってもいい。コード進行、小節構造、慣用フレーズなどの約束ごとはほとんど無視される。音色やメロディ・ラインの美しさは追求しない。早い話が、一般大衆の娯楽ではなくなってしまった。

バーダマン　ビバップのあとに、チャーリー・パーカーのもとで修業したトランペッター、マイルス・デイヴィス（Miles Davis, 1926–91）やピアニストのギル・エヴァンス（Gil Evans, 1912–88）らがつくりあげた「クール・ジャズ」（Cool Jazz）が注目をあつめます。ビバップの反動とはいえ、クール・ジャズもやはりその系統にあった。

里中　ビバップは開放的で躍動的で情緒的、クール・ジャズは抑制的、内省的、理知的という違いがある。

バーダマン　「クール」とはアフリカ系アメリカ人が好んで使っていた言葉で、「控えめ」を意味します。クール・ジャズはその名のとおり、音の表情が控えめで、暗い感じがする。クールというのは、疑いもなくホット（hot）の反対語。スウィング・ジャズは一時期、ホット・ジャズと呼ばれていました。

里中　ルイ・マルの映画『死刑台のエレベーター』（1958年）にマイルス・デイヴィスが即興に近いかたちで音楽をつけると、クール・ジャズはフィルム・ノワールにうってつけの音楽になりました。ヴィブラートのない繊細な音色はまた、黒っぽさを脱色してもいた。マイルスは、時代によって異なる演奏を見せているけど、ほかの誰とも異なるだけでなく、過去の自分のどれとも異なる演奏をする欲求がつねにあった。

バーダマン　既成を壊そうとするジャズの本質に忠実だった、ということもできますね。

里中　〝あまのじゃく〟こそが伝統を活性化できる、というテーゼにのっとっている。

バーダマン　ジャズは、ニューオリンズ・ジャズの反動として生まれたスウィング・ジャズ、スウィング・ジャズのアンチ・テーゼであるビバップ、そしてビバップの反動としてのクール・ジャズというふうに、たえず反動と反発を

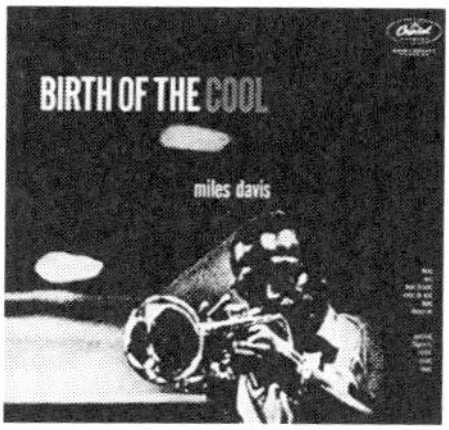

マイルス・デイヴィス『クールの誕生』（Capitol、1957年）

くりかえして進化してきた。そして、音楽的な形式や規則にとらわれず、自由に演奏するフリー・ジャズに行き着いた。とはいえ、じっさいのところ、大衆はビバップにもクール・ジャズにもフリー・ジャズにも興味を示さなかった。彼らの奏法は密度の濃いものだったけれど、大衆が好んだのはホット・ジャズ。ジャズにダンスはつきものだ、といまでも多くのアメリカ人は思っているはず。

里中　ビバップが黒人中心の変革であったのに対し、クール・ジャズの担い手は多くが白人だった。クール・ジャズというと、やたらマイルス・デイヴィス（黒人）の名ばかりがあがるけど、クール・ジャズには「ジャズに黒人も白人もない」ということを知らしめたという功績がある。

バーダマン　クール・ジャズの象徴ともいえるギル・エヴァンス（ピアノ）、スタン・ゲッツ（テナー・サックス）は白人でした。レニー・トリスターノ（ピアノ）とその弟子だったリー・コニッツ（アルト・サックス）も白人。いずれも名手ぞろいで、こまかく音を彫刻できた。

里中　ジャズはさまざまな音楽ジャンルの要素を入力することでエンジンの回転数をあげて出力してきた。結果、どんどん枝分かれして、多様性をもったスタイルに分化した。

バーダマン　時代やスクール（流派）によっても違うし、中心に近づこうとするジャズもあれば、周縁を好んでうろついているジャズもある。ポピュラー音楽になったり、アヴァンギャルド（前衛）に走ったり、トラディショナルに戻ったりと、表現方法を模索して変遷をくりかえしている。

里中　チャーリー・パーカーやマイルス・デイヴィスとの共演でも知られ、モダン・ジャズ・クァルテット（MJQ）のピアニストとしても名高いジョン・ルイス（John Lewis, 1920–2001）は、ジャズとクラシックとの融合（サードストリーム・ミュージック）を目指して、じつに感動的な作品をたくさん残している。それから、ウィントン・マルサリス（Wynton Marsalis, 1961–）。彼はジャズ史上もっともすぐれたトランペッターのひとりだと思いますが、グラミー賞のジャズ部門とクラシック部門で同時受賞（85年）するという快挙を成し遂げています。

カマシ・ワシントン『The Epic』（Brainfeeder、2015年）

バーダマン　ジャズはいま危機に瀕しているという声もありますが、逆に問い返せば、じゃあ、そうじゃなかったときって、いったいいつのことだろうっていいたい。逆風があるからこそ、ジャズは生き延びてきたわけです。たとえば、テナー・サックス奏者のカマシ・ワシントン（Kamasi Washington, 1981–）は、ジャズをさまざまな手法で理解しようとしている現代のミュージシャンですが、ジャズが歩むべき道を見つけようとする意志がそこかしこに感じられます。

3　魅惑のジャズ・ヴォーカル

†スタンダードの魅力

里中　「ジャズといえばジャズ・ヴォーカルだ」とか、「ジャズのスタンダードは人類共通の財産」という人がいます。ジャズ・ヴォーカルを愛するファンはいまも多いですね。

バーダマン　ポピュラー音楽の原点はヴォーカルにあります。〝スタンダード〟というのは、多くの人々に、長いあいだ愛され歌い継がれてきたスタンダード・ソングのこと。長い歳月を経て、時代を超えて生きのびている名歌です。たんなる流行歌じゃない。

里中　ふりかえってみると、20年代、30年代に美しいメロディが数多くつくられていますね。まさにメロディの黄金時代。ところで、スタンダードはどれくらいあると思いますか。

バーダマン　２００曲ぐらいかな。３００とか４００というマニアもいるでしょうが。

里中　ジャズのスタンダードは、その多くが「ティン・パン・アリー」（Tin Pan Alley）のユダヤ人たちによってつくられている。

バーダマン　1900年ごろ、大都市ニューヨークではミュージカルやヴォードヴィルが流行していた。そして、劇場で歌われる楽曲を管理する音楽出版社があつまるマンハッタンの一角に「ティン・パン・アリー」と呼ばれる場所があった。いつも鍋やフライパンを叩くような騒々しいピアノの音をだしていたので、ある作曲家がTin Pan Alley（鍋釜横丁）と名づけ、いつしかアメリカのポピュラー音楽業界を指すようになった。

里中　ティン・パン・アリーを特徴づけているのは分業体制による曲づくり。作曲家がメロディをつくり、作詞家が歌詞をつけるという分業は、じつはそれまであまりなかった。

バーダマン　当時、みずからソングライティングをやる歌手はほとんどいませんでした。そこで、ソングライティング・チームが作詞と作曲を請け負ったわけです。

里中　ティン・パン・アリーのビッグ・ネームといえば、まずは1910年代から活躍したアーヴィング・バーリン（Irving Berlin, 1888–1989）。バーリンは、ビング・クロスビーが歌って有名にした〔ホワイト・クリスマス〕の作者です。

バーダマン　それから、ジョージ・ガーシュウィン（George Gershwin, 1898–1937）とアイラ・ガーシュウィン（Ira Gershwin, 1896–1983）の兄弟。

里中　二人は〔私の彼氏〕〔But Not For Me〕〔I Got Rhythm〕などの名曲をつくっている。ジョージはビリー・ホリデイの歌唱で有名な〔サマータイム〕の作曲家だし、アイラは

ホーギー・カーマイケル（1953年頃）

〔言い出しかねて〕の作詞家。

バーダマン　〔スター・ダスト〕〔ロッキン・チェア〕〔わが心のジョージア〕〔スカイラーク〕〔冷たき宵に〕などを作曲したのはホーギー・カーマイケル（Hoagy Carmichael, 1899–1981）。

里中　コール・ポーター（Cole Porter, 1891–1964）の活躍もジャズ史に残ります。〔恋とはどんなものかしら〕〔あなたはしっかり私のもの〕〔Love For Sale〕〔夜も昼も〕〔ビギン・ザ・ビギン〕などをつくった。コード進行が特異で、都会的な洗練された楽曲の数々を生みだしました。彼は作曲家でもあり作詞家でもある。

バーダマン　語彙が豊富で、メロディも歌詞もタイトルも、ひねりのきいたものが多い。ユーモアとウィットのセンスが抜群で、生涯につくった曲は１０００曲にもなるといわれています。彼の曲を聴いたことのないアメリカ人はいないはず。彼こそ、アメリカを代表する偉大なソングライターです。

里中　ジャズ・ヴォーカリストといわれる人は、こぞってスタンダードを歌っています。〔スター・ダスト〕〔バイ・バイ・ブラックバード〕〔恋人よ我に帰れ〕〔ロッキン・チェア〕〔You'd Be So Nice To Come Home To〕〔But Not For Me〕〔ブルー・ムーン〕〔身も心も〕〔God Bless The Child〕……。

バーダマン　〔サマータイム〕〔マイ・ファニー・ヴァレンタイン〕〔ブラック・コーヒー〕〔バードランドの子守歌〕〔ミスティ〕〔Everything Must Change〕〔あなたは恋を知らない〕〔言い出しかねて〕など、名曲が多数あります。

里中　名曲を名曲たらしめているのは、名唱があるからですね。有名なヴォーカリストの名前だけでも挙げておきましょう。まず、女性シンガーだと、ミルドレッド・ベイリー（Mildred Bailey, 1907–51）、ビリー・ホリデイ（Billie Holiday, 1915–59）。エラ・フィッツジェラルド（Ella Fitzgerald, 1917–96）、ジョー・スタッフォード（Jo Stafford, 1917–2008）、アニタ・オデイ（Anita O'Day, 1919–2006）、ペギー・リー（Peggy Lee, 1920–2002）、カーメン・マクレエ（Carmen McRae, 1922–94）、サラ・ヴォーン（Sarah Vaughan, 1924–90）、ダイナ・ワシントン（Dinah Washington, 1924–63）、ジューン・クリスティ（June Christy, 1925–90）、ジュリー・ロンドン（Julie London, 1926–2000）、クリス・コナー（Chris Connor, 1927–2009）、ローズマリー・クルーニー（Rosemary Clooney, 1928–2002）、ヘレン・メリル（Helen Merrill, 1930–）、ニーナ・

シモン（Nina Simone, 1933–2003）、サリナ・ジョーンズ（Salena Jones, 1944–）、ライザ・ミネリ（Liza Minnelli, 1946–）、カサンドラ・ウィルスン（Cassandra Wilson, 1955–）、ダイアン・リーヴス（Dianne Reeves, 1956–）、ノラ・ジョーンズ（Norah Jones, 1979-）などがいます。

バーダマン　男性シンガーだと、ルイ・アームストロング、ビング・クロスビー（Bing Crosby, 1903–77）、ペリー・コモ（Perry Como, 1912–2001）、フランク・シナトラ（Frank Sinatra, 1915–98）、ジョウ・ウィリアムズ（Joe Williams, 1918–99）、ナット・キング・コール（Nat King Cole, 1919–65）、ジョニー・ハートマン（Johnny Hartman, 1923–83）、メル・トーメ（Mel Torme, 1925–99）、チェット・ベイカー（Chet Baker, 1929–88）などのスターがいます。曲に対する解釈の違いで、歌い方もずいぶん異なります。スタンダードには、聴き比べる楽しさもあります。

第4章　アルバム紹介

ユニバーサル、
2004年

V.A.
ブラック・ミュージックの伝統～ジャズ、ジャイヴ&ジャンプ篇

ジャズという音楽の生成過程へ丁寧な目配りをしたコンピレーションCD。“正史”では脇に追いやられることの多い「ジャイヴ」と「ジャンプ」だが、それらが合体して、ジャズという名の音楽の源流に加わり、R&B、そしてロックへの勃興とつながっていった歴史が、このアルバムを聴くとよくわかる。中村とうよう監修。(里)

Shout Factory, 2003

Scott Joplin　スコット・ジョプリン
The Entertainer

ジャズの原点ともいえるラグタイム・ピアノは、セントルイスからニューオリンズに至るミシシッピ川に沿って育った音楽。ラグタイムからブギウギへ発展していく過程に、ジャズの萌芽を見ることができる。スコット・ジョプリンは、ラグタイムの第一人者であり、その後のアメリカのポピュラー音楽に大きな影響を与えた立役者である。(バ)

Columbia / Legacy, 2002

Louis Armstrong　ルイ・アームストロング
The Best Of The Hot Five And Hot Seven Recordings

ジャズの「基本文法」をつくりあげたのは、ルイ・“サッチモ”・アームストロングだ。1925年から29年までの“ホット”なジャズを、4枚のCDにまとめて聴かせてくれる。パワフルなトランペットとソウルフルな歌声。このCDを聴けば、当時のサッチモが、いかに才能豊かで、また革新的であったかがわかるはずだ。(バ)

Verve, 1995

Charlie Parker　チャーリー・パーカー
Charlie Parker With Strings

ジャズ史上、最大の事件は「ビバップ」革命である。その革命を主導したのがチャーリー・パーカー（アルト・サックス）である。即興演奏の極致を追求したそのスタイルは、のちのモダン・ジャズに決定的な影響を与えた。しかし、ビバップの聴きどころをつかむには“修業”が必要だ。入門編としては本アルバムがふさわしい。(里)

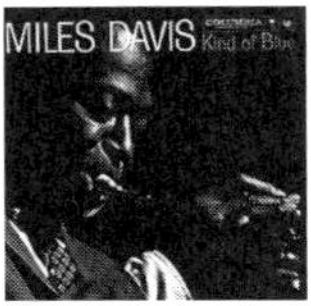

Columbia, 1959

Miles Davis　マイルス・デイヴィス
Kind Of Blue

マイルス・デイヴィス（トランペット）は、1957 年の『クールの誕生』から 80 年代の終わりまで、30 余年にわたってモダン・ジャズ界に君臨した。マイルスは時代によってスタイルを大きく変えているが、とりわけ 1950 年代の活躍は目ざましい。『カインド・オヴ・ブルー』は、50 年代における、彼の創造エネルギーの集大成である。（里）

ECM, 1975

Keith Jarrett　キース・ジャレット
The Koln Concert

白人ジャズ・ピアニストのキース・ジャレットによる、ケルン（ドイツ）のオペラ劇場でのライヴ盤（1975 年）。これによって、ソロ・ピアノという領域で、ジャズの新しいファンを獲得した。多彩なアイディアと繊細な鍵盤タッチ。よどみなく流れる美しい旋律とエモーションの奔流。どれをとってもいまだに色あせることはない。（里）

ビジョン、2013 年

V.A.
『ジャズ・ザ・ベスト　男性ヴォーカル　この素晴らしき世界』

ジャズの楽しみは、器楽演奏にあるばかりではない。ヴォーカルこそが、アメリカのポピュラー音楽を支えたとの見方もある。ジャズ・ヴォーカルをはじめてレコーディングしたルイ・アームストロングから、クルーナー唱法のビング・クロスビー、フランク・シナトラ、ナット・キング・コール、チェット・ベイカーまでの名唱を収録。（バ）

ユニバーサル、
2001 年

V.A.
Woman The Best Jazz Vocals

女性ジャズ・シンガーといえば、エラ・フィッツジェラルド、カーメン・マクレエ、サラ・ヴォーンの名がすぐに浮かぶだろうが、本作は彼女たちの歌声をはじめとするスタンダードの名唱を集めたオムニバス版（全 30 曲）。多くの名曲を世に送りだしたティン・パン・アリーの偉大な作詞・作曲家たちにもぜひ目を向けていただきたい。（里）

第5章

ソウル、ファンク、ヒップホップの熱狂

When they got through playing the Apollo theme music
and the curtain went up,
I came out smoking.
The audience went wild.

James Brown

〈アポロ〉のテーマ音楽が終わると、
カーテンが上がった。
俺はしょっぱなから火を噴いた。
すぐさま観客は熱狂した。

――ジェイムズ・ブラウン

1 ソウル・ミュージック

†ソウル・ミュージックとは

里中 アメリカにおいて、「ソウル・フード」といえば、黒人の伝統料理を指します。ですから、ソウル・ミュージックはブラック・ミュージックにほかなりません。

バーダマン ソウルという言葉が「黒人」を想起させるようになったのは、1960年代に入ってからのこと。やがてソウルは、黒人であることを誇りに思うときのプライドの意味をもつようになりました。公民権運動のなかで「ブラック・パワー」という言葉が連呼されるようになる時期と重なります。そこには、白人たちの暴力（physical force）には魂の力（soul force）で対抗しようという黒人たちの意志があった。公民権運動とソウルという思想は手を組んで、ともに大きくなりました。

里中 奴隷解放から80年近く経っても、黒人の社会的地位はあまり変わらなかった。主流である白人社会におもねるか、自分たちの共同体の殻《から》に閉じこもるかのどちらかだった。

バーダマン しかし、第二次大戦後、植民地諸国が独立し、人種平等の声をあげ始めると、アメリカの黒人たちも立ち上がりました。

里中　白人文化を優位に見るという前提が疑問視され、ソウルという自己肯定の思想が打ち出されると、ソウルがすべての根拠地になった。「ソウル」の名を冠するソウル・ミュージックは、黒人が白人と同じ市民権を得ようとするための音楽ということもできます。

バーダマン　彼らは黒人であることを肯定して生きようとした。語彙、語法、食べ物、髪型（アフロヘア）、ファッションなど、ライフスタイルのすべてにおいてソウル思想が肯定された。それによって、黒人たちは、自信、くつろぎ、希望を手に入れようとした。

里中　ソウル・ミュージックは、恋の成就、精神のやすらぎ、団結への意志を強調します。しかし、ゴスペルからソウルへの転向は、教会側から見ると、裏切り（sellout）でしかなかった。

バーダマン　ソウル・ミュージックは「世俗的な教会」であったということもできます。しかし、ゴスペルとは歌詞の内容が決定的に違った。ソウルの歌詞は神を称えていなかった。しかし、それが時代を動かすパワーとなったのです。

†「ソウルの神様」レイ・チャールズ

里中　神聖なゴスペルを俗化して、ソウル・ミュージックを生みだしたのは盲目のピアニスト、レイ・チャールズ（Ray Charles, 1930–2004）でした。曲のフォームはブルーズで、コール＆レスポンスを含む歌い方はゴスペル。しかし、歌詞の内容は、神を称える福音（ゴスペル）ではなかった。

バーダマン　「ソウルの神様」の異名をとるレイは、ソウル・ミュージックの草分け的存在であり、最大の功労者といっていいでしょう。「天才」と謳《うた》われました。

里中　ザ・ジーニアス（天才）という愛称は、フランク・シナトラがつけたものですね。以後、彼の代名詞となった。

バーダマン　南部ジョージア州で生まれ、そこでゴスペル、ブルーズ、ヒルビリーに親しんだ。3歳のころからピアノに親しみ、7歳のころに失明。ミュージシャンを目指してフロリダやシアトルに移ってからは、ジャズやポピュラー・ソングを本格的にやり始め、50年代半ばに、それらをこねて丸めてソウルを形づくった。

レイ・チャールズ『ホワッド・アイ・セイ』（Atlantic、1959年）

里中　レイは熱心なクリスチャンじゃないから、罪悪感もなく、そういうことができたのだと思います。彼が敬意を払っていたのは、自身の才能に対してだけ。さらにいえば、彼は土曜の夜の罪深い人と日曜の朝の教会参列者が同じ人間であるということも知っていた。

スティーヴィ・ワンダー『ファースト・フィナーレ』（Tamla、1974年）

バーダマン　レイ・チャールズの半生を描いた映画『Ray／レイ』（2004年）では、俗謡とゴスペルを融合させたレイに向かって、教会関係者が「地獄に堕ちるぞ」とののしる場面があるけど、自伝（『わが心のジョージア　レイ・チャールズ物語』戎光祥出版）にも書いてあるとおり、彼は敬虔なクリスチャンから罵声を浴びせられている。

里中　レイは、なんでもミックスして楽曲にしてしまう。少年のころは、ブルーズでもリズム&ブルーズでもない黒人シンガー、ナット・キング・コールの唱法に憧れていたというからまたびっくり。

バーダマン　彼の音楽は、ブルーズ、ジャズ、カントリーと、いろんなジャンルをクロスオーヴァーしている。そして、どの分野においても大きな足跡を残しました。

里中　盲目で貧乏なアメリカの黒人少年が、世界のスーパースターとなるという夢を実現させたわけですね。

バーダマン　そのレイ・チャールズに憧憬をいだいたのがスティーヴィ・ワンダー（Stevie Wonder, 1950–）。未熟児網膜症で、生まれてすぐに目が見えなくなった（全盲ではない）。11歳でモータウンと契約。地声と裏声を織り交ぜた唱法はレイを手本にしています。『レイ・チャールズに捧ぐ』(63年)というアルバムまでリリースしている。

里中 スティーヴィといえば、『トーキング・ブック』『インナーヴィジョンズ』『ファースト・フィナーレ』『キー・オヴ・ライフ』などの歴史的傑作を次々に発表した驚くべきミュージシャン。名盤の名に値するのは、時空やジャンルを超えて後世に残るものだとすると、『キー・オヴ・ライフ』こそが名盤でしょう。天才という名は彼にこそふさわしい。

バーダマン その高い音楽性はアメリカ音楽史に燦然と輝いています。彼はまた、黒人の地位向上にも時間と労力を惜しむことがなかった。

†「レディ・ソウル」アリーサ・フランクリン

里中 「天才」と呼ぶのにふさわしいもうひとりは、4オクターヴをこえる音域を駆使する歌姫アリーサ・フランクリン(Aretha Franklin, 1942-2018)です。「レディ・ソウル」の称号をもつ。有名な説教師だったC・L・フランクリンを父にもつアリーサは、メンフィス(テネシー州)に生まれ、バッファロー(ニューヨーク州)とデトロイト(ミシガン州)で育ち、少女のころに、すでにシンガーとしての才能を開花させていました。父親は黒人バプティスト派の有力メンバーだったから、つきあいも多士済々、アリーサの家は音楽とミュージシャンであふれていた。サム・クック、ジャッキー・ウィルスン、マヘリア・ジャク

『Songs of Faith』（Checker、1956年）

スン、クララ・ウォードといった面々が自宅の居間でくつろいでいたそうです。

バーダマン アリーサは、ソウル歌手のスーパースターであり、数々の名唱を残したジャズ・シンガー。また、すぐれたゴスペル歌手でもある。最初のレコーディングをしたのは、なんと14歳のときでした。初アルバム『Songs of Faith』（56年）は教会でのライヴ・アルバムだけど、少女とは思えないほど堂々としています。

里中 歌唱法は、マヘリア・ジャクスン、ラヴァーン・ベイカー（LaVern Baker, 1929–97）などの影響を受けています。ダイナ・ワシントン（Dinah Washington, 1924–63）からは直接、歌い方を習った。とりわけ、間のとり方とフレージングが見事。とくに〈リスペクト〉は、フックをきかせた歌い方が感動的です。

バーダマン 〈リスペクト〉にはアリーサのいいところが凝縮されています。後ろの女性コーラス（姉のアーマと妹のキャロリン）もクール。

里中 オーティス・レディングがつくった歌ですが、歌詞を変えて自分のものにしている。女性が権利を主張する歌のさきがけになりました。“Sock it to me”（女としてちゃんと扱って）と叫ぶところは、自尊心に満ちているばかりかセクシー。いつのまにか、曲の背後には、アリーサだけでなく、何万人もの女性が結集しているのがわかる。

バーダマン　しかし、アル・グリーン（Al Green, 1946–）と同じで、ソウルの世界へ行って、ゴスペルの世界に戻って、またソウルへ行って、と行ったり来たりしている。

里中　若いころはよくピアノを弾いていたけど、そのピアノがたいへんな腕前ですね。ピアノはゴスペル界の大物、ジェイムズ・クリーヴランド（James Cleveland, 1931–91）から手ほどきを受けている。「教会とゴスペルが私のルーツなの」というだけあって、アリーサのゴスペルは水を得た魚のようで、生命感に満ちあふれています。とくにアトランティック（レコード会社）時代のアリーサは、歌全体がソウルで満ちている。その魅力はテクニックを超えたところにある。

バーダマン　しかし、ゴスペルから離れてポップ・ミュージックを歌うのは、教会の人たちの目には背信行為だった。アリーサもまた批判の矢面に立たされました。

里中　それにもかかわらず、教会やキング牧師の運動に彼女はものすごく尽力した。父親をつうじてキング牧師へ渡った運動資金は莫大な金額になるといわれています。

バーダマン　彼女が歌った〈リスペクト〉や〈ピープル・ゲット・レディ〉は公民権運動のアンセムになったし、〈ナチュラル・ウーマン〉はフェミニズムの運動を推し進めた。彼女の歌うものは、ポジティヴな時代精神のエネルギー源でした。

†ソウルの巨星たち

里中　サム・クック（Sam Cooke, 1931–64）も、ゴスペル歌手からソウル歌手になったひとり。サテンのような艶やかな歌声。ハニーブラウンの皮膚。しかもハンサムで、男っぽく、笑顔も爽やか。女性に人気があったのもうなずけます。ライヴ・アルバムを聴けば、そのしなやかな官能性に舌を巻く。〈ユー・センド・ミー〉〈ア・チェンジ・イズ・ゴナ・カム〉〈ワンダフル・ワールド〉は不朽の名曲。ブレス・コントロールがうまく、広範囲にわたる感情を伝えている。

バーダマン　彼は19歳にしてゴスペル・カルテットのソウル・スターラーズ（The Soul Stirrers）のリード・シンガーに抜擢されている。またたく間に有名になったけれど、50年代の後半、世俗音楽への転向をはかった。彼もまたゴスペル界から大きな非難を浴びたものの、偉大なソウル・シンガーになった。その甘くしなやかで、かつ情熱的な唱法は、聴く者の魂を揺さぶりました。とくに公民権運動を念頭において書かれた〈ア・チェンジ・イズ・ゴナ・カム〉はいまもなお人々に愛されています。ロサンジェルスのモーテルに連れ込んだ女性とのもめごとで、そのモーテルの女性管理人に射殺されるというショッキングな最期を遂げました。まだ33歳だった（64年）。

里中　サム・クックが偉大なのは、歌手、作曲家、プロデューサーとしてだけでなく、音楽出版社やレコード会社を立ち上げてビジネス・パースンとしても活躍したことですね。

バーダマン　自分の資金と時間を費やして、献身的に黒人たちにチャンスを与えようとしたのは、サム・クックを除いて他に誰もいません。彼はほんとうに偉大な人物。

里中　そのサム・クックに憧れていたのが、ジョージア州生まれのオーティス・レディング（Otis Redding, 1941–67）。素朴なざらついた声で、大量の感情エネルギーを放出してみせた。アクセント（歌声のアタックの強さ）の緩急も自在。

バーダマン　ゴスペル色の強い、たくましい地声ですね。バプティスト教会の牧師の息子で、つねにそばにはゴスペルがあった。

サム・クック（*Billboard*、1965年5月29日号）

里中　ボブ・ディランがオーティスのステージを観ていたく感激したそうだけど、デビューしたとき、オーティスはもうすでに完成の域に到達していた。歌に生命を吹き込むことができる稀有なシンガーですね。武骨でエネルギッシュなだけじゃない。誠実さとやさしさを感じる。

バーダマン　メンフィスのＤＪがオーティスの声を

オーティス・レディング『オーティス・ブルー』（Volt、1965年）

「ピティフル（哀しげ）な歌声」と評したことにインスピレーションを得て、〔ミスター・ピティフル〕を書きあげた。そういうユーモラスなところもあります。

里中 〔I've Been Loving You Too Long〕〔ドック・オヴ・ザ・ベイ〕などの名唱があり、将来を大いに期待されていたけれど、購入したばかりの自家用飛行機が墜落して命を落としました。

バーダマン 絶頂期の不運な事故でした。まだ26歳だった。オーティス・レディングの功績は、すすんで白人たちの前で歌い、黒人とのあいだに橋を架けたこと。

里中 マーヴィン・ゲイ（Marvin Gaye, 1939–84）も非業の死を遂げた。実父の手で銃殺されてしまった。

バーダマン ヴェトナムにおける戦場の悲惨さを弟から聞かされて心を激しく揺さぶられ、What's goin' on?（いったい何が起こっているんだ?）と歌った。

里中 〔ホワッツ・ゴーイン・オン〕〔悲しいうわさ〕など数々の名曲を残しています。何十年聴いていても、飽きがこない。

バーダマン モータウンの有名シンガーはたくさんいるけど、モータウンの巨星といったら、やはりマーヴィン・ゲイでしょう。幅広い感情表現を歌に吹き込むという点において、彼の右にでる者はいません。

†モータウンとスタックス

里中　ソウル・ミュージックが勢いづくと、レコード会社の躍進にも拍車がかかりました。デトロイト（ミシガン州）のモータウン・レコード（Motown）やメンフィス（テネシー州）のスタックス・レコード（Stax）などがその代表格です。モータウンは、デトロイト（自動車産業の中心地）のニックネーム「モーター・シティ」を意識して名づけられました。

バーダマン　北部のモータウンは白人マーケットを意識したポップ路線、南部のスタックスは黒っぽく泥くさい路線をとった。そして、それぞれがノーザン・ソウル（北部のソウル）とサザン・ソウル（南部のソウル）の代表となった。

里中　とはいえ、ともに白人マーケットの開拓に狙いをさだめていた。ブラック・カルチャーがアメリカン・カルチャーになるためには、どうしても白人社会に受け入れられる必要がありました。自分たちの好みを指向しつつも、白人が求める黒人の役割も演じなければならなかった。

バーダマン　じっさい60年代の半ばあたりまで、白人が黒人のレコードを買うことにはかなり抵抗がありました。これは私自身の経験としてもいえることです。

里中　当時、黒人音楽は「レイス・ミュージック」というジャンルに隔離されていました。

バーダマン　白人を購買層として意識するようになると、レコード会社はアルバム・カヴァーに白人の写真を入れたり、ポップなイラストを描いたりして、アーティストが黒人であることを隠そうとした。

里中　モータウン・ソウルは「上品で白っぽい」といわれることがあるけど、黒人音楽を世界に広めたわけだから、高く評価しないわけにはいきません。

バーダマン　モータウン・サウンドは、白人ティーンエイジャーの財布をゆるめることに成功しました。親しみやすいメロディと口ずさみたくなる歌詞で、あっという間に全米制覇を成し遂げた。個人的なことですが、私は65年にメンフィスにある大学に入ったのですが、ソウルやファンクはたいへん身近なものでした。月に2回ほど土曜の夜に、フラタニティ（友愛会）主催のダンス・パーティがあったのですが、そこにやってくるバンドのメンバーは全員が黒人でした。もちろん演奏する音楽はすべてブラック・ミュージック。私たち白人学生はそれに合わせて踊りました。

里中　60年代の半ば、白人の若者たちはすでに黒人の音楽に夢中になっていたわけですね。

バーダマン　ラジオでソウルやファンクを耳にすると、すぐにヴォリュームをあげたことを懐かしく思いだします。モータウン・ミュージックについていえば、メロディはもちろんですが、愛を語る歌詞が素晴らしかった。

里中　モータウンには、あのボブ・ディランに「アメリカが生んだ最高の詩人」といわしめたスモーキー・ロビンスン（Smokey Robinson, 1940–）がいた。

バーダマン　スモーキーがいなければ、モータウンの輝きは、いやソウル・ミュージック全体の輝きは小さなものになっていたでしょう。彼が歌うスウィート・ソウルは白人の心をほんとうに踊らせた。〔The Tracks of My Tears〕（65年）などの名曲を、私などもよく口ずさんだものです。

里中　また、ホランド＝ドジャー＝ホランド（H＝D＝H）のような専属のソングライター・チームをつくったことも画期的でした。さらに、ファンク・ブラザーズ（The Funk Brothers）というハウス・バンド（レーベルやレコーディング・スタジオがかかえるバック・バンド）もつくったことも発明でしょう。ポール・マッカートニーにベースという楽器の面白さを教えたジェイムズ・ジェマースンやスティーヴィ・ワンダーのピアノの師であるアール・ヴァン・ダイクをはじめ、卓

スプリームス『スプリームス・ア・ゴーゴー』（Motown、1966年）。収録曲〔恋はあせらず〕はホランド＝ドジャー＝ホランドの代表曲。

越したミュージシャンがそろっていました。

バーダマン　録音技術の進歩もあったけれど、高い創造性と自由な発想は、サウンドそれ自体に新次元を与えています。

里中　めったに陽のあたることのないスタジオ・ミュージシャンだけど、2002年にはファンク・ブラザーズの功績を称えた『永遠のモータウン』というドキュメンタリー映画がつくられました。

バーダマン　スタックスも負けじと、黒人と白人の混合によるハウス・バンド、ブッカー・T&MG's（Booker T. & the M. G's）を結成し、飽きのこないスタックス・サウンドを生みだしました。ちなみに、「MG」とはメンフィス・グループの略。フロントマンのブッカー・T・ジョーンズ（黒人／オルガン）ほか、スティーヴ・クロッパー（白人／ギター）、ドナルド・ダック・ダン（白人／ベース）、アル・ジャクスン（黒人／ドラムス）などがいる。

里中　ソウル・シンガーとしても有名なアイザック・ヘイズ（黒人／キーボード、サックス）もいました。

バーダマン　彼らにもまた『約束の地、メンフィス』（2014年）という映画があります。次世代を担う若者たちとの9セッションが盛り込まれた貴重なドキュメンタリーです。

里中　スタックスと手を組んでいたアトランティック・レコードのスタジオ（ニューヨーク）には、キング・カーティス（サックス）率いるキングピンズがいました。メンバーは、コーネル・デュプリー（ギター）、ジェリー・ジェモット（ベース）、バーナード・パーディー（ドラムス）など、錚々《そうそう》たる顔ぶれでした。

†ソウル界のスターたち

バーダマン　とはいえ、レコードが売れるか売れないかはやはり歌い手しだい。

里中　モータウンには、列挙すると、スモーキー・ロビンスン&ミラクルズ（Smokey Robinson & The Miracles）、ジミー・ラフィン（Jimmy Ruffin, 1936-2014）、テンプテーションズ（The Temptations）、フォー・トップス（Four Tops）、コモドアーズ（The Commodores）、マイケル・ジャクスンを擁するジャクスン・ファイヴ（The Jackson Five）、そしてマーヴィン・ゲイ、スティーヴィ・ワンダーがいた。女性（グループ）では、メアリー・ウェルズ（Mary Wells, 1943-1992）、スプリームス（The Supremes）、マーサ&ヴァンデラス（Martha and the Vandellas）、マーヴェレッツ（The Marveletes）、グラディス・ナイト&ピップス（Gladys Knight & The Pips）らがいました。

バーダマン　スタックス（その前身であるサテライト・レコード、そして提携していたアトランティック・レコードのレコーディングも含む）には、ルーファス・トーマス（Rufus Thomas, 1917–2001）、アイザック・ヘイズ（Isaac Hayes, 1942–2008）、エディ・フロイド（Eddie Floyd, 1937–）、オーティス・レディング、ウィルソン・ピケット（Wilson Pickett, 1941–2006）、サム&デイヴ（Sam & Dave）、ジョニー・テイラー（Johnnie Taylor, 1934–2000）らがいた。女性では、メンフィス・ソウルの女王カーラ・トーマス（Carla Thomas, 1942–）とメイヴィス・ステイプルズ（Mavis Staples, 1939–）などがいる。

里中　そのほかのレーベルにもふれておきたい。ロサンジェルスのスペシャリティ・レコードにはリトル・リチャード（Little Richard, 1932–）、アトランティック・レコードにはソロモン・バーク（Solomon Burke, 1940–2010）がいた。

バーダマン　メンフィスにあったゴールド・ワックス・レコードにはジェイムズ・カー（James Carr, 1942–2001）がいました。

里中　フィラデルフィア・ソウルのトリオ、オージェイズ（The O'Jays）は、70年代初頭から80年代後半までヒット曲を連発しています。

バーダマン　〔Love Train〕〔For the Love of Money〕〔I Love Music〕など、70年代に名曲をたくさんつくっていますね。

里中　シカゴ・ソウルの創造者、カーティス・メイフィールド（Curtis Mayfield, 1942–99）

は60年代、ソングライター、プロデューサー、ギタリストとして八面六臂《はちめんろっぴ》の大活躍でした。〔People Get Ready〕は公民権運動を背景にヒットした。歌詞のなかに非暴力主義があり、敵のなかに善を見いだそうとする態度がある。アルバム『スーパーフライ』で見せたパーカッション、ワウワウ・ギター、ファルセット・ヴォーカルの組み合わせは見事。洗練されたヴィジョンを感じずにはいられません。

バーダマン　彼はゴスペル出身のシンガー。〔I'm So Proud〕をはじめ、彼のつくるラヴ・ソングは献身的で愛情にあふれています。すべてにおいて抑制がきいており、そのサウンドは飽きがこない。

2　ファンク

†ジェイムズ・ブラウンのファンク革命

里中　音楽用語で「ファンク」(funk)というのは通例、メロディやコードの流れを重視せず、シャウトと楽器によるリズムのグルーヴ(ノリ)で引っぱっていく音楽のことをいいます。アフリカ系アメリカ人のコミュニティから生まれました。

ジェイムズ・ブラウンとフェイマス・フレイムス。1964年、アポロ・シアターで（提供：Getty Images）

バーダマン ネイティヴ・スピーカーの感覚でいうと、ファンキー・ミュージック、つまり「ファンク」というのは、黒人の汗のにおいを思い起させる単語。泥まみれの労働、褐色の肌をつたう熱い汗を想起させる。

里中 そのファンクの始祖といったら、ジェイムズ・ブラウン（James Brown, 1933–2006）ということになる。「Papa's Got a Brand New Bag」（65年）でファンクが誕生したといわれています。

バーダマン ダイナミックなパフォーマーという以上の存在でした。ナイジェリアのシンガー・ソングライターにして黒人解放運動家のフェラ・クティ（Fela Kuti, 1938–1997）の「アフロ・ビート」を生みだすきっかけをつくりましたが、フェラ・クティもJBの黒人意識高揚に大きな影響を与えた。

里中 「真のソウル・ブラザーはジェイムズ・ブラウンただひとり」という黒人はいまもたくさんいますね。自伝映画『ジェームズ・ブラウン　最高の魂《ソウル》を持つ男』（2014

年）でも、自我の強さと影響力の大きさが語られている。ジェイムズ・ブラウン（ＪＢ）の名がないアメリカ黒人史も音楽史もありえません。

バーダマン　〝ミスター・ダイナマイト〟とか〝ゴッドファーザー・オヴ・ソウル〟などといわれているように、そのファンキーなステージ・アクトと強烈なリズムで、感傷的な流行歌や古くさいダンス・ミュージックを吹き飛ばした。

里中　〝ショー・ビジネス界でいちばんの働き者〟という異名もあります。とにかくエネルギッシュだった。

バーダマン　大量の汗が飛び散るライヴ・パフォーマンス。激しいシャウト、巧みなダンス、芝居がかったマントショーなどで聴衆を沸かせました。

里中　ブーガルー、ファンキー・チキン、アリゲーター、マッシュポテト、キャメル・ウォーク、ロボットといった踊りにも目が釘づけになる。

バーダマン　合間にスプリット（開脚）が入る。ＪＢは聴衆にもダンスをさせることで、いっとき、日常の苦痛や苦悩を忘れさせた。

里中　つねづね「学校を卒業せよ。資格を持つんだ。準備をせよ。教育こそが真のブラック・パワーだ」と若者を激励した。

バーダマン　キング牧師暗殺後は、動揺する黒人たちの支えにもなった。

里中　ペンキも塗っていない掘っ立て小屋に生まれ、小麦粉用の袋を縫い合わせた下着をつけ、生きるために窃盗をくりかえしていた少年時代。しかし、そこから身を起こしたJBはいつも自信満々でした。どのインタヴューを見ても、その自信は揺るぎない。ワニのようにニカッと笑う表情にも自信がみなぎっている（笑）。

バーダマン　黒人文化では、自画自賛（brag）は自己主張のあらわれだし、大言壮語（boast）はユーモアとして好意的に受け入れられます。JBはそれらを体現していました。また、派手なふるまいや見せびらかしは白人文化の枠組みでは品のない行為と受けとめられることが多いけど、黒人文化では見せびらかしは「ショーボート」（showboat）と呼ばれて肯定的に評価されます。

里中　黒人民衆の精神的リーダーだという自覚もあった。キング牧師が亡くなったときは、ラジオをつうじて黒人たちに平静を呼びかけましたね。

バーダマン　公演先のボストンでは、急きょTV中継をすることになり、「家にとどまって俺のショーを観るように」と呼びかけ、危惧された蜂起をおさえた。全米各地で暴動が起こったけど、JBの呼びかけを聞いた地域だけは大きな混乱は生じませんでした。

里中　極貧から這いあがり、黒光りするグルーヴでソウル・ミュージックの星となったJB。彼は黒人社会の希望の星でもあった。なんといっても、Say it loud—I'm Black and I'm proud.（大声で言えよ、黒人であることを誇りに思っているって）ですからね。JBのファンクには、つねにむきだしの情熱がほとばしっていた。〔Get Up（I Feel Like Being a）Sex Machine〕では、「ゲロッパ」（Get up）と「ゲローナップ」（Get on up）のやりとりだけで見事なグルーヴ感をつくりあげている。トロンボーンのフレッド・ウェズリー、アルト・サックスのメイシオ・パーカーなどのバックアップ・メンバーも素晴らしい。

バーダマン　ファンクが目指すものは「連帯感」。パフォーマーとオーディエンスのあいだでコール＆レスポンスをやるけど、あれも魂（ソウル）の連帯を確認している。

†黒光りするファンクのゆくえ

里中　ファンクが広がりを見せたのは、キング牧師の暗殺以後ですね。希望の灯を絶やさないように、同胞との連帯を身体で感じたかった黒人たちが盛りあげたダンス・ミュージックでした。

バーダマン　ファンクが隆盛をきわめたのは70年代だけど、JBの築いたファンクをさらに発展させたグループに、オハイオ・プレイヤーズ（Ohio Players）、クール＆ザ・ギャング（Kool & the Gang）などがいます。オハイオ・プレイヤーズには『Fire』『Honey』、クール＆ザ・ギャングには『Spirit of the Boogie』『Celebrate!』などの傑作アルバムがあります。

里中　そして、スライ&ザ・ファミリー・ストーン（Sly & The Family Stone）。そのグルーヴの高揚感は圧倒的です。曲はスローガン、ヴォーカルはシュプレヒコール（笑）。〔Stand!〕〔Everyday People〕〔Everybody Is a Star〕〔You Can Make It If You Try〕などは忘れられません。

バーダマン　彼らは、トランペッターは女性、ドラマーは白人という異色な編成で、性別や人種の壁も取り払いました。スライは、ファンクのイノヴェーター。マイケル・ジャクスンが彼らの曲の版権を獲得して自分のものにしたがった気持ちもわかります。

里中　それから、ニューオリンズのミーターズ（The Meters）。そしてミーターズを引き継いだネヴィル・ブラザーズ（The Neville Brothers）も重厚なファンク・サウンドをつくりだしました。アーロン・ネヴィルのシルキー・ヴォイスも出色ですね。

バーダマン　ライヴがほんとうに素晴らしい。『Fire on the Bayou』、ネヴィル・ブラザーズになってからの『Yellow Moon』など、傑作アルバムを残しています。

里中　ジョージ・クリントンが中心になってつくったPファンク（パーラメント／ファンカデリック）も大きな存在です。地球にファンクを蔓延させるためにマザーシップでやってきたドクター・ファンケンステインの物語を展開するステージに多くの黒人たちが魅了されました。

バーダマン　ユートピア志向、荒唐無稽なパロディ、派手な衣裳、膨大な黒人スラング、高度な演奏技術、いろんなものが詰まっています。ひとことでいったら、愉快な反ディスコ・ミュージック。

†プリンスの評価

里中　シンセサイザーを主体としたファンク・ミュージックといえば、ミネアポリス・サウンドの中心的存在であったプリンス（Prince, 1958-2016）を忘れてはいけません。プリンスをファンクというジャンルに押し込めておくことはできないけど、現代のアメリカン・ミュージックを語るとき、プリンスに言及しないわけにはいきません。とくに1982年から90年にかけてのプリンスは才能のかたまりのように見えました。ジミ・ヘンドリックス、カーティス・メイフィールド、ジェイムズ・ブラウン、スライ&ザ・ファミリー・ストーンなどの影響が見られるものの、プリンスは比類なきアーティストでした。シンガー・ソングライターとしても、作曲家としても、ギタリストとしても、ダンサーとしても、プロデューサーとしても想像力にあふれ、卓越した才能を誇示した。そのうえ、きわどく、みだらで、スキャンダラス。革命勢力といってもいいような存在だった。

バーダマン　結果、セルフ・イメージどおりの「プリンス帝国」をつくりあげました。

里中　ふりかえると、唯一無二のミュージシャンでした。その稀有な才能は、マイルス・

『パープル・レイン』（Warner、1984年）

デイヴィスやミック・ジャガーも称賛しているほど。

バーダマン　でも、日本では、同い歳のマイケル・ジャクスンやマドンナと比べると、話題になることは少ない。あまりに過小評価されています。

里中　プリンスは、黒人の伝統的イメージから遠く離れています。黒人であることを強調しないことで、マーケットでの勝負にでた。黒人であることの悲劇を嘆かず、なんの社会的権利も要求しない。それどころか、ステージで黒いビキニを着たりして、中性っぽさをアピールした。さらには両性具有をも超えて、ギターやピアノと交わるしぐさを見せた。セックスの陶酔を歌い、それを刺激的なサウンドにのせた。

バーダマン　過激な歌詞が多いけど、とにかくサウンドが素晴らしい。80年代以降のミュージシャンで、プリンスの音楽的アイディアに影響を受けなかったパフォーマーがいったいどこにいるのでしょうか。『1999』『パープル・レイン』『サイン・オブ・ザ・タイムズ』などは、ファンだけでなく、数多くのミュージシャンも絶賛の声をあげました。

3　ヒップホップとラップ

†ヒップホップ、ラップとは

里中　ヒップホップ（Hip-hop）は70年代の半ば、ニューヨークのハーレム、サウス・ブロンクス、クイーンズ地区などの街角や公園で生まれました。

バーダマン　そのころ、世はディスコ・ブーム。ビージーズやドナ・サマーの歌がヒットしていた。

里中　「スタジオ54」や「パラダイス・ガラージ」などの華やかなディスコへ行けない貧しいアフリカ系の若者やヒスパニック系の連中が、のちにブロック・パーティと呼ばれる青空ＤＪパーティに集まりました。

バーダマン　ブロック・パーティ（ブロック＝街区）というのは、ストリート・パーティのことで、公園などに仮設のステージをつくり、ＤＪやダンスの腕を競いました。スピーカーやターンテーブルなどのサウンドシステムの電源は街灯から違法に引いた。ヒップホップというのは、スタジオで生まれたのではなく、ストリートで生まれたわけです。

グランドマスター・フラッシュ＆ザ・フュリアス・ファイブ『ザ・メッセージ』（Sugar Hill、1982年）

里中　2枚のレコードと2台のターンテーブルを使って、おしゃべりしたり歌ったりするというヒップホップの原型をつくったのが、ジャマイカ出身のDJクール・ハーク（Kool Herc, 1955–）ですね。

バーダマン　そして、クール・ハークのオーディエンスであったアフリカ・バンバータ（Afrika Bambaataa, 1957–）とグランドマスター・フラッシュ（Grandmaster Flash, 1958–）が、エレクトロ・サウンドを駆使してDJパフォーマンスというスタイルを確立しました。

里中　ヒップホップはしばしばラップ・ミュージックの同義語として用いられますが、本来的な意味としては、ラップ、DJ、ブレイクダンス（ロボットみたいに体を動かしたり、頭のてっぺんを地べたにつけてクルクル回ったりする踊り）、グラフィティ（ニューヨークの地下鉄車両へのスプレー・ペイントの落書きから始まった）という4つのカルチャーを包括しています。

バーダマン　ラップ（Rap）というのは「おしゃべり」という黒人英語で、韻（rhyme）を踏みながら、「しゃべるように歌う」こと。むかしから黒人の子どもたちは、友だちの悪口をいうのにもリズムに乗って歌うような言い方をします。そのようにリズムに乗って早口でしゃべるのをラップと呼ぶようになった。

里中　ラッパーのことをMCともいうけど、MCというのは、パーティの司会や盛り上げ役を意味する"master of ceremonies"でした。しかし、ラップの人気が高まると、microphone controller（マイクロフォンの支配者）や、move the crowd（聴衆を動かす）などの意味も付与されるようになりました。

バーダマン　ラップは、ソウルやR&Bのトラックを使用して、メッセージを送るという趣をもっていました。一般の人が知るようになったのは80年代に入ってから。とくに、ランDMC（Run-D.M.C.）がエアロスミスのヒット曲〔ウォーク・ディス・ウェイ〕（86年）をモチーフにした曲を発表して以降のことです。ストリート・カルチャーだったので、メジャーになるにはけっこう時間がかかった。しかし最終的には、音楽だけでなく、しゃべり方、歩き方、ファッション、ヘアスタイルなど、彼らのライフスタイル全般が、アメリカだけでなく、世界各地の若者に影響を与えました。

†ヒップホップ誕生の社会的背景

里中　ヒップホップの中心は、黒人（アフリカ系）の若者とヒスパニック（ラテンアメリカ系）の若者でした。

バーダマン　おもにカリブ海地域、プエルトリコ系の若者ですね。ヒップホップはニューヨークの貧困層から生まれた文化といっていい。彼らの周囲には、貧困、失業、暴力、犯罪があった。ホームレス、ジャンキー（麻薬常用者）、崩壊した建物、ゴミの山――とりわけサウス・ブロンクスは貧困の象徴だった。

里中　70年代後半からアメリカは景気が後退します。それがアフリカ系、ヒスパニック系の低所得者層を直撃した。暴力と麻薬がはびこり、ストリート・ギャングになる若者が多数いました。つまり、教育と福祉の財政が大幅に削減され、結果、弱者が切り捨てられたというわけです。ランDMCはそうした惨状を〔It's Like That〕、「つまり、そういうことだ」とあきれてみせた。

バーダマン　いっぽうで雇用機会の平等が推進されると、マイノリティのあいだでも貧富の格差が拡がった。80年代半ばになると、安価で中毒性の高いクラック（コカインに混ぜ物をしたドラッグ）が爆発的に蔓延。ストリートでは、縄張り争いと薬物売買にからむ犯罪が恒常化した。

里中　そうしたゲットーに住む若者たちには「同胞意識」が感じられない。同胞たる黒人、ラティーノを襲うのにほとんどためらいがない。「格差」がそうさせていた。路上生活者に近い彼らは、互いに誘惑しあって、麻薬、窃盗、逮捕、売春を経験する。21歳になるまえに、男の子は逮捕を、女の子は妊娠を経験する。親に愛されず、社会に必要とされず、つねに不審の目を注がれる。そんな日常からラップ・ミュージックが生まれた。

バーダマン　「貧困」と「格差」。この2つに対する不満のはけ口として、ラップ・ミュージックは生みだされた。彼らには音楽的な素養があるわけでもなく、また楽器を上手に扱えるのでもなかった。リズム・トラックにのせて、ほぼメロディがないリズミカルな語りを発散させた。

里中　てっとりばやく、過去にヒットしたブラック・ミュージックの音源を再構成した。楽器ができなくても、サンプリングした音源を重ねることによって楽曲をつくったということですね。ジェイムズ・ブラウン、ファンカデリック、パーラメント、クール＆ザ・ギャング、スライ＆ザ・ファミリー・ストーンなどの曲が数多くネタにされた。

バーダマン　音楽そのものに対する情熱があまりないパフォーマーもいました。ちょっと有名になると、違うフィールドへ移ってしまう。多いのは映画界への進出。90年代になりますが、ウィル・スミス（Will Smith, 1968–）なんかもそうですね。

†ラップは何をいっているのか

里中　〝ロック〟というフォーマットは、ロックンロールが誕生したころとは比べものにならないくらい保守的なものに感じられるようになってしまいました。いっぽう、ラップは高い音楽性を感じられないとして、「一時的な流行にすぎない」といわれたけど、いまや世界中で人気を博しています。

バーダマン　ゲットー出身であることはラッパーにとって一種の箔《はく》づけだったわけだけど、そこに注目とお金があつまりだすと、中流家庭の出身であることを隠したり、「ゲットー育ち」だと偽って売りだすラッパーもでてきました。デトロイト出身のエミネム（Eminem, 1972-）など、白人ラッパーが登場したことも大きい。

里中　「差別」を告発する政治的メッセージをだすことによって注目を集めたということも見逃せません。

バーダマン　ザ・ラスト・ポエッツ（The Last Poets）やパブリック・エネミー（Public Enemy）なんかがそうですね。

里中　80年代から90年代のラップの歌詞を分析すると、「自分を自慢する」「他人をディス（軽蔑）ったり、ビーフ（罵倒）したりする」「政治に文句をいう」に大別できる。自分を誇り、他人を〝口撃〟する。内省がなく自慢がある。謙虚さがなく傲慢がある。それから、挫折がなくて骨折がある（笑）。

バーダマン　暴力と金銭を礼賛して女性を蔑視する、との印象が強い。じっさい暴力沙汰やいさかいを起こした連中もたくさんいる。

里中　しかし、いっぽうで暴力で傷つけることをやめて、歌にのせたしゃべりとダンスのスキルで勝負し、解決しようとした人たちもいる。そもそもヒップホップは、カオス（混沌）から抜け出す道を探していた若者が生みだした文化だった。

バーダマン　そもそもラップは言葉のバトルなので、英語という言語のリズムや、いっていることの内容が半分ぐらいわからないと、面白みは半減どころか、その醍醐味も味わえない。そのうえスラングも多いし、隠語もたくさんある。ラップは世界的な広がりを見せたけれど、けっきょくはその国の言葉でラップするしかなかった。だから、ラップは音楽というよりメッセージだという一般的な認識がある。

里中　暴力をなくそうというメッセージをだし、「否定を肯定に変える」ことを力説したのは、ヒップホップの名づけ親、アフリカ・バンバータ。彼は、先に挙げたヒ

パブリック・エネミー『It Takes a Nation of Millions to Hold Us Back』（Def Jam、1988年）

チャンス・ザ・ラッパー『Coloring Book』(2016年)

ップホップの4つの要素に「知識」(knowledge)をくわえ、平和、団結、愛、楽しむことをモットーに掲げた。

バーダマン　しかし、暴力的で侮蔑的な言葉づかいが、大人たちには反社会的で反倫理的と映った。白人のみならず、黒人社会からもソッポを向かれた。とくに黒人コミュニティの宗教的指導者は早くからラップに批判的だった。

里中　ラッパーたちも、教会をはじめとする既存の宗教組織に批判的でした。KRS・ワン(KRS-ONE, 1965-)が「自分はスピリチュアルであるが宗教的ではない。神には寄り添うが教会や宗教には身をゆだねない」といっているけど、ラップ・パフォーマーの大部分はこれと同じようなスタンスだと思いますね。

バーダマン　ラッパーのなかには、みずからの回心体験を語るクリスチャンはいるけど、もちろん主流ではない。チャンス・ザ・ラッパー(Chance The Rapper, 1993-)は、音源を有料で販売しないという革新的な活動形態をとっていますが、先人たちに敬意を表したり、ゴスペルをリスペクトするなど、伝統と心の内面を重視するスタンスをとっています。

里中　ラッパーたちの神は「ストリート」にある。貧困、ドラッグ、売春、暴力のはびこる路上に神がいてくれたらと願っている。しかし、その神は、金とセックスとドラッグという一時的な快楽に置き換えられてしまっている。

バーダマン ラップのもうひとつの側面は、みんなが皆というわけじゃないけど、政治的メッセージをもっているということ。

里中 メッセージというか、愚痴をこぼす、あるいは政治に反発するポーズをとる。政治のことをいうのはクールだからという理由でやっている人たちも多い。

バーダマン それからラップの世界は男社会。女性ラッパーは圧倒的に数が少ない。フージーズのローリン・ヒル（Lauryn Hill, 1975–）、ニッキー・ミナージュ（Nicki Minaj, 1982–）、カーディ・B（Cardi B, 1992–）ぐらいしか頭に浮かばない。

†ヒップホップのスターたち

里中 80年代後半は、なんといってもブギ・ダウン・プロダクションズ（Boogie Down Productions）ですね。KRS・ワンは、13歳にしてホームレスになるという不遇な少年時代を送っている。DJのスコット・ラ・ロック（Scott La Rock, 1962–87）は、KRS・ワンが施設にいたころのカウンセラー（のちに銃殺される）でした。黒人であることの誇りをラップした『Ghetto Music: The Blueprint Of Hip Hop』は衝撃的なアルバムでした。

バーダマン 90年代に入ると、バラードを歌い、甘いコーラスを聴かせるヴォーカル・グ

『Illmatic』（Columbia、1994年）

ループ、ボーイズⅡメン（Boyz II Men）がデビュー。多くの女性ファンを獲得した。

里中　ナズ（Nas, 1973–）は、日々の刹那をうまく歌詞にしてラップしていますね。『Illmatic』（94年）は音楽的にもすぐれたアルバムでした。

バーダマン　80年代の半ばまでヒップホップの中心地はニューヨークだったけど、後半になると全米の都市から新たなヒップホップが生まれました。

里中　なかでも注目をあつめたのが、西海岸ロサンジェルスの、暴力的な日常をテーマにしたギャングスタ・ラップ。ドクター・ドレーやアイス・キューブなどがいたN・W・Aやスヌープ・ドッグなどが、暴力や犯罪と隣り合わせで生きていくキッズのやるせなさをラップした。こうしたヒップホップを、正直、私の身体は拒絶しました。

バーダマン　2パック（2Pac, 1971–96）とノートリアス・B・I・G（The Notorious B. I. G., 1972–97）がその象徴。彼らは二人とも銃撃事件に巻き込まれて死んでしまいました。

里中　2000年代になってヒップホップを牽引したのはジェイ・Z（Jay-Z, 1969–）と、ジェイ・Zが発掘した中流家庭出身のカニエ・ウエスト（Kanye West, 1977–）でした。プロデュース力というか、ネタを手際よく調理して見せる手腕が光っています。それと、アトランタをはじめとした南部が新たな中心地となり、フューチャー（Future, 1983-）や、最近だとミーゴス（Migos）が人気となったことも見逃せません。

バーダマン　ヒップホップは、いまやアンダーグラウンドではなく、巨大ビジネスになってしまいました。MTVは朝から晩までヒップホップを流すし、多くのコンテストでは、莫大なおカネが動くようになった。ヒップホップ・カルチャーはカネにまみれてしまった。

里中　しかし、見方を変えれば、アメリカン・ドリームはヒップホップ・カルチャーのなかにある、といえないこともない。たとえばビヨンセは、文化革命の統率者のようです。

バーダマン　私が個人的に期待を寄せているのは、ずばり、ケンドリック・ラマー（Kendrick Lamar, 1987-）です。彼は〝俺〟を前に押しだすのではなく、他者をリスペクトしながら世の中の解釈をしているのがいい。彼が多くの人に受け入れられているのがうれしい。

里中　彼には自分を相対化する視線があり、ものごとを冷静に眺める思慮深さがありますね。

バーダマン　ケンドリック・ラマーのような、〝冷静であることに熱い〟ラッパーが、ヒップホップ・カルチャーの新しい地平を拓いていくと確信しています。

ケンドリック・ラマー『Damn』（TDE、2017年）

Warner, 2001

Ray Charles　レイ・チャールズ
The Definitive Ray Charles

レイ・チャールズは、ゴスペル、カントリー、ブルーズ、R&Bなど、幅広く興味を示したが、どんなジャンルの曲を歌っても、彼のソウルになってしまうから不思議だ。この2枚組のベストには、主に1950年代から60年代のヒット曲が収録されている。生前、「ジーニアス」と呼ばれた天才ぶりは、死後もなお、その光を放ちつづけている。(バ)

RCA, 1986

Sam Cooke　サム・クック
The Man and His Music

一流のゴスペル歌手でありながら、ソウルのパイオニアにもなったサム・クック。そのポップな感覚とコクのある歌唱力は、いまもなお聴く者を魅了してやまない。ありきたりの歌も、彼が歌えば珠玉の逸品に変わってしまう。〔ユー・センド・ミー〕〔ブリング・イット・オン・ホーム・トゥー・ミー〕〔ア・チェインジ・イズ・ゴナ・カム〕などの名曲を収めている。(里)

Rhino, 1994

Aretha Franklin　アリーサ・フランクリン
The Very Best of Aretha Franklin Vol. 1

2018年に亡くなったとき、「ソウルの女王」は多くの人々にその業績を称えられた。アリーサ・フランクリンは、すぐれたゴスペル歌手であり、類まれなソウル・シンガーでもあった。このCDでは、〔リスペクト〕〔ナチュラル・ウーマン〕〔シンク〕など、時代を動かす推進力となった代表曲を収録。シンガーとしての彼女の偉大な足跡をたどることができる。(バ)

Tamla, 1971

Marvin Gaye　マーヴィン・ゲイ
What's Goin' On

戦争、人種、都市が抱える諸問題を、マーヴィン・ゲイは慈愛に満ちた歌声と洗練されたサウンドで提起する。メッセージ性のある歌詞が多いが、サウンドがそれに負けていないのがいい。メロディ、リズム、ハーモニー、そしてヴォーカル、コーラス、演奏テクニック、アレンジ、どれをとっても完成度が高い。「歴史的名盤」の一語に尽きる。(バ)

Tamla, 1976

Stevie Wonder　スティーヴィ・ワンダー
Songs In The Key Of Life（邦題『キー・オヴ・ライフ』）

スティーヴィ・ワンダーの最高傑作は、人によって異なるだろうが、すべてを聴きまくったうえで、あえてこれを挙げたい。ブラック・ミュージックの伝統に敬意を払いながらも、その流れに変更をうながした歴史的傑作である。アメリカの黒人という立場でミュージック・シーンに身をおくとはどういうことかを考えさせられる。（里）

Atlantic, 1991

V.A.
The Complete Stax-Volt Singles 1959-1968

サザン・ソウルの全貌は、このボックス・セット（CD9枚、全244曲）で知ることができる。オーティス・レディング、サム＆デイヴ、ブッカー・T&MG's、マーキーズ、カーラ・トーマス、ジョニー・テイラーの名曲はもちろん、シングル盤のみのヒットで知られる楽曲も多数収録。ブックレットも充実しており、飽きることがない。（里）

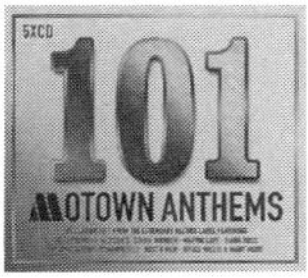

Spectrum, 2017

V.A.
101 Motown Anthems

1960年代のアメリカ大衆で、モータウン・サウンドを知らない人はいない。また、レコード産業の歴史のなかで、モータウンほどタレントを巧みに活用した独立レーベルもない。さらにいえば、彼らの生みだしたブラック・ミュージックは、いまもなおアメリカ音楽史に燦然と輝く。それら名曲を、なんと101曲も聴けるのである。（バ）

Polydor, 1991

James Brown　ジェイムズ・ブラウン
Star Time

ファンク・ミュージックの創始者、ジェイムズ・ブラウン（JB）。おそらくJBほど、のちのブラック・ミュージックに影響を与えた人はいないだろう。このボックス・セット（CD4枚）を聴けば、JBのキャリアのほぼ全貌を知ることができる。そして、たぶんあなたはJBファンクの中毒者になるだろう。（バ）

Sony, 2003

Sly & the Family Stone　スライ＆ザ・ファミリー・ストーン
The Essential Sly & the Family Stone

スライ＆ザ・ファミリー・ストーンは、黒人と白人の男女混成グループ。モコモコしたファンク・ビートに、複数の歌声が楽しそうに会話しあい、いくつもの楽器が愉快にコミュニケートする。まさに「美は乱調にあり」を展開。12年間の活動期間におけるエッセンスをCD2枚に収める。〔ダンス・トゥ・ザ・ミュージック〕〔スタンド！〕〔サンキュー〕などを収録。（里）

Paisley Park, 1987

Prince　プリンス
Sign O' the Times

あるとき、自分用にプリンスのベスト集をつくろうとしたら、およそ100曲もの候補作品が挙がってしまい、頭をかかえてしまった。なかでもこのアルバムは、サウンド、ビート、メロディの、どれをとっても前衛的で、いつ聴いても、その音楽的ラディカリズムに圧倒される。当時の辛口音楽評論家たちがこぞって絶賛の声をあげたのもよくわかる。（里）

Profile, 1986

RUN-D.M.C.　ランDMC
Raising Hell

ヒップホップの初期の歴史において、もっとも先駆的で衝撃的だったのはランDMCだ。なかでもこの3枚目のアルバム（1986年）は彼らの最高傑作だろう。エアロスミスのスティーヴン・タイラーとジョー・ペリーが共演した〔ウォーク・ディス・ウェイ〕を含む。エッジがきいていて、スリリングな仕上がりになっている。（里）

Aftermath, 2015

Kendrick Lamar　ケンドリック・ラマー
To Pimp a Butterfly

ラップの歌詞には、他人を貶めるものがけっこうある。別言すれば、大切なのは“自分”だけというスタンスなのだ。しかし、ケンドリック・ラマーには、他者をリスペクトする視線がつねにある。“共生”への期待をあくまでも放棄しないのだ。ヒップホップ・カルチャーの新たな地平は、彼によって拓かれたといっても過言ではない。（バ）

第6章

カントリーとフォークの慰安

It's a folk singer's job
to comfort disturbed people
and to disturb comfortable people.
Woody Guthrie

フォーク・シンガーの仕事は
悩める者たちの心を安らがせ、
安穏としている者たちの心をかき乱すことだ。
——ウディ・ガスリー

1　カントリー・ミュージックとは何か

†カントリー・ミュージックのルーツ

里中　カントリー・ミュージック（Country Music）は、しばしば「白人による白人のための音楽」といわれます。実際、黒人のカントリー・シンガーは数えるほどしかいません。

バーダマン　カントリーは、イギリスのバラッド（民衆の物語詩）にそのルーツを求めることができます。イングランド、スコットランド、ウェールズ、アイルランド移民が本国からもってきた民俗音楽から発展してきました。それが理由でしょう。

里中　19世紀末になると、南部の教会を母体にしてゴスペルの原型がつくられます。しかし、人種分離が加速するにつれて、ゴスペルも「黒人ゴスペル」と「白人ゴスペル」（南部ゴスペル）に分かれてゆく。その白人ゴスペルが、宗教的な主題をもつカントリー・ゴスペル（Country Gospel）になり、やがてカントリー・ミュージックと融合していくという側面もありました。また、他のルーツ・ミュージックと同様、シンガーの大半が南部の出身者で占められているという特徴もあります。

ヴァージニア州でアラン・ローマックスが撮影したボグトロッターズ（1937年、アメリカ議会図書館蔵）

バーダマン　イギリスから移住してきた人々は、アパラチア山脈の周辺（ヴァージニア州、テネシー州、ケンタッキー州、サウス・キャロライナ州、ノース・キャロライナ州、ジョージア州）で祖国の民謡を歌い継いできました。ブルーズのルーツが黒人文化にあったように、カントリーの素地は南部の白人文化にあるのです。

里中　アパラチアといえば、ジョン・デンヴァーの名曲〔カントリー・ロード〕を思いだします。「ウェスト・ヴァージニアは天国のようなところ／ブルーリッジの山々にシェナンドー川／そこでの暮らしは樹木よりも古いけど／山よりは若い／そよ風のように時は流れていく」というような歌詞。

バーダマン　アパラチアは、カントリー・ミュージックのふるさとです。映画『歌追い人《ソング・キャッチャー》』（2000年）をぜひ観ていただきたい。アパラチアの音楽をかなり正確に伝えているし、外部の人たちが山の奥地の音楽をどう見ていたかもよくわかる。

里中　とはいえ、カントリーにブラック・ミュージックの要素がまったくないわけではありません。ブルーズがカントリーの要素を取り込んだように、カントリーもまたブルーズの影響を受けてきました。また、蓄音機やラジオといったメディアが普及すると、アパラチアの音楽もまた変わっていきました。

バーダマン　のちほどお話しするブルーグラスのビル・モンローにしても、もっとも影響を受けたギタリストとして黒人ブルーズマン、アーノルド・シュルツ（Arnold Shultz, 1886–1931）の名を挙げています。

里中　カントリー・ミュージックの録音は20年代に入ってからですが、農業中心の生活と保守的な心性のため、イギリスの民間伝承は比較的よく保存されていました。

バーダマン　抒情性《じょじょうせい》ゆたかなバラッドが多い。英雄伝説のほか、満たされぬ恋、旅立ち、別れなど、センチメンタルな哀感を漂わせています。

里中　カントリーをはじめとするアメリカン・ルーツ・ミュージックをてっとりばやく知りたいと思ったら、コーエン兄弟が監督したコメディ映画『オー・ブラザー！』（2000年）がおすすめです。大恐慌にあえぐ1937年のミシシッピ州が舞台で、ハンマー・ソング（ハンマーやつるはしなどを打ち込むときの歌）、アパラチアの古謡、ヒルビリー、ブルーグラス、ブルーズなどを、映像とともに楽しむことができます。

バーダマン　KKK（クー・クラックス・クラン）など、白人の過激組織が黒人をどういう目で見ていたかもよくわかります。

†ヒルビリーとは

里中　ところで、「カントリー・ミュージック」という名称ですが、このジャンル名が定着するのは40年代に入ってから。その初期においては統一的なジャンル名は用いられていませんでした。「アパラチアン・ミュージック」とか……。

バーダマン　「マウンテン・ミュージック」「オールドタイム・ミュージック」などとも呼ばれていましたね。

里中　1930年ごろになると、「ヒルビリー」（Hillbilly）という呼び名が主流になる。

バーダマン　レコード会社やラジオ局は、人種的な混交を嫌い、黒人が歌うものはレイス・ミュージック（黒人音楽）、白人が歌うものはヒルビリーというジャンル分けをおこなった。

里中　ヒルビリーという言葉は、差別的な意味合いを色濃く漂わせています。日本語にしたら「田舎っぺ」という蔑称に近いでしょうか。

バーダマン　私の感覚でいうと、ヒルビリーというのは、アパラチア山脈の奥地で暮らす白人山岳民を見下した呼び名です。

里中　ヒルビリーという言葉が浸透したことによって、ブルーズの「黒人性」とカントリーの「白人性」がより強調されることになった。そこには南部音楽の混血性を隠蔽しようとするマーケットの思惑が見えます。

バーダマン　1925年にレコード・デビューしたカントリーのグループは、その名もザ・ヒル・ビリーズ（The Hill Billies）でした。一般に、ヒルビリーは1923年から第二次世界大戦が始まる1939年までのあいだに録音された音楽を指して用いられています。

里中　ヒルビリーが差別的な用語であることに気づいたメディアが徐々にヒルビリーという言葉を使わなくなると（『ビルボード』誌は1949年に「ヒルビリー」をやめた）、代わって「カントリー」という用語が台頭します。

バーダマン　カントリー＆ウェスタン（C＆W）と呼ばれることもありました。その名が示すように、この音楽ジャンルには二つの流れが融合している。ひとつは、先ほどもいったように、アパラチア山脈地方の農夫やきこりのあいだで歌われていたイギリス民謡から派生した音楽で、ブルーズの影響を受けているもの。カーター・ファミリーやジミー・ロジャースなんかがその系統ですね。もうひとつは、テキサスを中心に発展したウェスタン・スウィングとカウボーイ音楽。こっちは西部劇映画の主題歌や挿入歌として広まった。ジーン・オートリーやロイ・ロジャースなどが有名です。

里中　もともとカントリーは、レコードよりもむしろラジオで普及しました。なかでも有名なのがナッシュヴィル（テネシー州）の「グランド・オウル・オプリ」(Grand Ole Opry)。グランド・オールド・オペラをもじったその名称には、ヨーロッパの伝統音楽を揶揄する気持ちがいくぶん込められています。

バーダマン　南部の白人たちは、その番組にいつも周波数を合わせていました。戦後になると、カントリーのミュージシャンたちは「グランド・オウル・オプリ」への出演を目指して、ナッシュヴィルに集まった。こうしてナッシュヴィルはカントリー音楽の中心地となっていきました。

†カントリーを奏でるもの

里中　カントリー・ミュージックを奏でる楽器といえば、フィドル、バンジョー、ギター。フィドルは、早くも初期の植民者とともにもたらされています。19世紀半ば過ぎになると、バンジョーが南部に入り込む。そして、20世紀になるころにはギター、マンドリンが使用されるようになる。でも、カントリーの主流はやっぱりフィドル。

バーダマン　フィドルというのはヴァイオリンのことだけど、一般にクラシックの世界で使われている楽器がヴァイオリンで、カントリーやフォーク、つまりクラシック以外のポピュラー音楽や民俗音楽で用いられている楽器がフィドルと呼ばれている。

里中　ある人がこういっています。「真面目な顔をして演奏するのがヴァイオリンで、酔っぱらって演奏してもいっこうにかまわないのがフィドルだ」と。

バーダマン　それはいい定義だ（笑）。じっさい、ピューリタンの人たちにとって、フィドルは「飲酒と淫行の罪に引きずり込む悪魔の楽器」だったからね。

里中　しかし、日本ではフィドルという名称はいっこうに定着しませんでした。どういうわけか、ぜんぶヴァイオリンにされてしまう。ブロードウェイのミュージカルに『Fiddler on the Roof』というのがあるけど、日本人はこれを『屋根の上のヴァイオリン弾き』と訳してしまった。どうしてもフィドルを認めたくないらしい（笑）。

バーダマン　アイルランドやスコットランドでは、民俗舞踊（フォークダンス）とともに、フィドルの音色は愛されてきました。彼らの庶民生活においては、ヴァイオリンではなく、やはりフィドル。それはアメリカにおいても同様です。

里中　白人がもたらしたダンス音楽はたいていフィドルによって演奏されました。フィドルがあればカントリー・ミュージックになり、カントリー・ミュージックにはまたダンスがつきものだった。

バーダマン　フィドルは、聖職者や信仰に熱心だった人たちには軽蔑された楽器だったけれど、貧困層はフィドルを手放さなかった。とくにアイルランド人やスコットランド人は、大酒を飲み、春歌をうたい、フィドルに合わせて陽気に踊った。フィドル音楽のもっとも古い録音は1922年ですが、フィドルが初期の移住者たちの時代から親しまれていたことは明らかです。

2 カントリーの歌い手たち

†カントリーとカウボーイ

里中 「カントリー・ソングの祖」といえば、ヨーデルの歌唱法を身につけたジミー・ロジャース（Jimmie Rodgers, 1897-1933）。彼はミシシッピ州のメリディアン生まれの白人です。歌詞を見ると、「一文無しだ」とか「誰も助けてはくれない」など、ブルーズの影響がみてとれます。彼を「ホワイト・ブルーズの確立者」という人もいるくらい、ブルージーな雰囲気をただよわせています。

バーダマン ジミー・ロジャースはメディスン・ショー（効能をしゃべる薬売りと芸人が見世物をする移動興行）の一座に加わって、旅をしながらいろんな音楽にふれています。その後、鉄道員として働きましたが、そのとき黒人労働者たちのブルーズを耳にしている。

里中　バンジョーとギターの弾き方も黒人の人夫から教わっています。レコードの最初の吹き込みは1927年、30歳のときでした。

バーダマン　レコーディングしたことの影響はとても大きかった。テキサスを本拠地として、西部地域とカウボーイをロマンチックに歌いあげたため、多くの白人たちが彼を真似しました。

里中　テンガロンハットをかぶりブーツをはいて、カウボーイになりきる者もでてきました。ジーン・オートリー（Gene Autry, 1907–98）なんかがそうですね。彼は〝歌うカウボーイ〟のひとりとして人気を博し、映画にも多数出演した。

ジミー・ロジャース

バーダマン　そうした〝カウボーイ〟たちの音楽は「ウェスタン・ミュージック」（西部の音楽）と呼ばれました。

里中　もうひとり、「歌うカウボーイ」として大成功をおさめたのがロイ・ロジャース（Roy Rogers, 1911–98）です。

バーダマン　ロイ・ロジャースといえば、第二次大戦後の、アメリカの少年たちのヒーローでした。

里中　ブルース・ウィリスは映画『ダイ・ハード』のなかで、「ジョン・ウェインにでもなったつもりか？」と問われ、「俺はロイ・ロジャースが好きだった」と述べています。

バーダマン　わかる、わかる。私もロイ・ロジャースのファンだったから。イギリス人のエルトン・ジョンだって〔Roy Rogers〕というオマージュ曲を歌っているほど（作詞はバーニー・トーピン）。

ロイ・ロジャース（1940年）

里中　ジミー・ロジャースと同時期に登場したのが、ヴァージニア州から出てきたカーター・ファミリー（The Carter Family）。彼らの音楽もまた、ブルーズ抜きには語ることができません。

バーダマン　カーター・ファミリーは、A・P・カーターと妻のセイラ、それにA・Pの義理の妹メイベルの3人から成るグループ（のちにメイベルの娘ジューンも加入）。彼らは1927年から録音を開始して、1929年からの2年間で、なんと全米で70万枚のレコードを売っています。30年代の不況とそのあおりを受けて暮らす人々の苦しみ、そして死後の世界での安住を歌っているけど、ブルーズの歌詞とつうじるものがある。メイベルのオートハープ（autoharp）とギターの奏法も、ブルーズの影響によるところが大きい。

里中 兄弟や家族数名がひと組になって、デュエット、トリオ、カルテットをつくっているのがカントリーの特徴ですね。30年代からとくに兄弟のグループが数多くあらわれました。なかでも、モンロー・ブラザーズ（Monroe Brothers）は、のちのカントリーに大きな影響を及ぼしました。

†ブルーグラスとホンキー・トンク

バーダマン ヒルビリーに代わって、カントリーというジャンル名が浸透するのは40年代から50年代にかけてですが、40年代には「ブルーグラス」というサブジャンルが、モンロー・ブラザーズのビル・モンロー（Bill Monroe, 1911–96）によって確立されました。

里中 ブルーグラスは「マウンテン」と呼ばれたカントリー・ミュージックを継承するもので、古来の伝承を重んじる唱法と奏法が特徴です。ちょっと鼻にかかった高い声で歌い、フィドル、バンジョー、マンドリン、ギター、ベースといったアクーステック楽器しか使わない。

バーダマン 1935年から40年のあいだに、電気で音を増幅させる楽器が広く一般化しますが、彼らはエレクトリック楽器をいっさい使用しない伝統的な奏法にこだわりました。

ハンク・ウィリアムズ（1951年）

しかも演奏技術が卓抜ときているので、「カントリー・ミュージックのジャズ」と称されることもあった。ブルーグラスの代表曲には、エルヴィス・プレスリーも歌った〔Blue Moon of Kentucky〕があります。

里中　40年代中盤から注目されるようになったのが、ホンキー・トンク・ミュージック。

バーダマン　ホンキー・トンクというのは安酒場のこと。白人用はホンキー・トンク、黒人用はジューク・ジョイントと呼ばれました。ホンキー・トンク・ミュージックは、テキサスのホンキー・トンクから誕生したテンポの速いカントリーを指します。

里中　その代表がハンク・ウィリアムズ（Hank Williams, 1923–53）です。終戦直後から50年代前半に至る時期に活躍しました。彼もまたブルーズの影響を受けながら修業を積んでいます。路上でブルーズを演奏する黒人に、食事を提供するかわりにギターを教えてもらったというエピソードがあります。

バーダマン　彼はさまざまな意味で、戦後まもないころの南部を体現しています。アラバマの田舎臭さを全身にただよわせ、場末の酒場に入り浸っている雰囲気をもっていました。

里中　土曜の夜は酔いつぶれるまで飲んで、日曜の朝になると教会で魂の救済を願うような、そうした矛盾した存在の象徴のように見えます。

バーダマン　しかし、歌をうたわせたら一流でした。〔Lovesick Blues〕〔Cold, Cold Heart〕〔ジャンバラヤ〕などのヒット曲があります。

里中　ハンクは、女、家庭、体調不良など、多くの苦悩をかかえ、けっきょく酒で身を滅ぼしてしまった。29歳の若さでした。

バーダマン　彼の死を知ったエルヴィス・プレスリーは、泣きながらハンクの歌を聴いたといいます。映画『I Saw the Light』（2014年）は、そんなハンクの半生をさまざまな角度から描いていて興味深い。

里中　歌の物語世界に没入させてくれるシンガーといったら、ジョージ・ジョーンズ（George Jones, 1931-2013）ですね。20年ものあいだ「もっともすぐれたカントリー歌手」といわれつづけた。

バーダマン　声も表現法も独特。〔Tender Years〕〔She Thinks I Still Care〕などのヒット曲がある。カントリー・ミュージックのアイコンであるタミー・ウィネットと結婚したことでも知られています。

里中　50年代になると、パティ・ペイジ（Patti Page, 1927-2013）が〔テネシー・ワルツ〕をヒットさせました。

バーダマン　アメリカ国民でこの歌を知らない人はいないというほどの大ヒットでした。

†現代のカントリー

里中　60年代に入ると、南部のカントリー・ミュージックは粗野なプア・ホワイト（貧しい白人）の音楽だとして、大都市の大学生やインテリからは見向きもされなくなりました。

バーダマン　カントリー・ミュージックは体制的で保守的であるという見方が依然として強くありました。もともと牧歌的な過去を理想とするような歌詞が多く、そこには農村の簡素な生活への郷愁と反近代・反文明的な思想が込められていました。

里中　ところが70年代になると、徐々にまた人気が復活しはじめた。都市生活者が抱える「郷愁」「悲哀」「孤独」といった感情をうまくすくいあげたのです。

バーダマン　目まぐるしい都市生活から離れて、しばし自然に親しみ、時間とのんびり戯れたいという願望をくすぐったのでしょう。そもそもわたしたちが「カントリー」と呼んでいる音楽は、直接カントリー（田舎）から出てきたのではありません。都市のメディアの影響を受けて生まれたものなのです。その意味では、現代のカントリーは都市に暮らす人々のための郷愁の音楽だともいえます。

里中　カントリーは、故郷の山河を失った人々の喪失感によって支えられているということですね。

バーダマン　現代のカントリーは、都会という荒野で人気のある音楽と理解したほうがよいでしょう。

里中　ドン・ウィリアムズ（Don Williams, 1939-2017）、ジョン・デンヴァー（John Denver, 1943-97）、リッキー・スキャッグス（Rickie Skaggs, 1954-）、ヴィンス・ギル（Vince Gill, 1957-）、ランディ・トラヴィス（Randy Travis, 1959-）、クリント・ブラック（Clint Black, 1962-）、ガース・ブルックス（Garth Brooks, 1962-）らはハート・ウォーミングな歌声でアメリカ人の心をなごませました。

バーダマン　なかでもガース・ブルックスは、現代カントリーのスーパースターといっていい存在です。ニューヨークのセントラルパークに数十万もの聴衆を集めました。

里中　カントリーの女性にも目を向けたい。カントリー・ミュージックで描かれる女性は、待つ女、男に寄り添う〝可愛い女〟というイメージがありました。女性シンガー、たとえば「カントリー・ミュージックのファースト・レデ

タミー・ウィネット『スタンド・バイ・ユア・マン』（Epic、1969）

ィ」と呼ばれるタミー・ウィネット（Tammy Wynette, 1942–1998）の〔スタンド・バイ・ユア・マン〕なんかもそうした傾向がありました。

バーダマン　アメリカ大統領のファースト・レディになり、オバマ政権下で国務長官もつめたヒラリー・クリントンは「私はタミー・ウィネットのように、男のそばにおとなしく立っているだけの女じゃない」と語っていますね。

里中　〔炭坑夫の娘〕で知られるロレッタ・リン（Loretta Lynn, 1932–）が活躍しはじめたのは、ウーマン・リブ運動が盛んになったころ。彼女は、酔っ払って帰宅するなと男に言い放つ〔Don't Come Home A'Drinkin' (With Lovin' on Your Mind)〕、産児制限（避妊）をすすめる〔The Pill〕など、フェミニズムの主張をメロディにのせました。

バーダマン　ベストセラーの自伝は、映画『歌え！　ロレッタ愛のために』の原作になり、シシー・スペイセクはアカデミー主演女優賞をとりました。おうおうにしてカントリーの女性歌手は、その時代における女性の理想像を反映しています。

里中　〔Crazy Blue Eyes〕や〔Takin' It Easy〕などのヒットを飛ばしたレイシー・J・ダルトン（Lacy J. Dalton, 1946–）もまた、男に媚びない女の強さを歌にしています。

バーダマン　60年代からずっと活躍しているシンガー・ソングライターにドリー・パートン（Dolly Parton, 1946–）がいます。影響力の大きさといったら彼女の右に出る者はいないでしょう。3000以上の曲をつくり、〈オールウェイズ・ラヴ・ユー〉〈ジョリーン〉〈My Tennessee Mountain Home〉などの佳品をつくっている。女優としても活躍して、映画『9時から5時まで』では、コミカルな名演技を見せています。

里中 70年代以降では、エミルー・ハリス（Emmylou Harris, 1947-）、メアリー・チェイピン・カーペンター（Mary Chapin Carpenter, 1958-）らが活躍しました。なかでも、メアリーは、詩情あふれるコントラルト・ヴォイスで数々の名唱を残している。ブラウン大学でアメリカ文化を専攻しただけあって、伝統音楽に敬意を払う知性も感じられる。

バーダマン 彼女の歌には説得力があるね。〈Down at the Twist and Shout〉〈I Feel Lucky〉〈Stones in the Road〉〈Shut Up and Kiss Me〉などの代表作がある。ワン・アンド・オンリーのカントリー・ミュージシャンといっていい。

3 フォーク・ソング

†ウディ・ガスリーが撒いた種

里中 レコード会社は19世紀末にすでに存在していたけれど、南部の民俗音楽を開拓するところまではいっていなかった。南部が音楽の宝庫であることに気づくのはずっとあとになってからのことです。商品としてのレコードが初めてつくられたのは１８９０年だけど、1本のシリンダーに1回の吹き込みしかできなかった。注文数に応じて吹き込みを何度もしてくれる歌手を探すのもたいへんでした。シリンダーから円盤レコードになるのは、20世紀に入ってから。１９２０年代になってやっと、円盤レコードと蓄音機が市場に出回り始める。

バーダマン　１９３０年代、ジョン・ローマックスとアラン・ローマックスの親子は、議会図書館の委嘱を受け、録音器材をかついで、全米各地のフォーク・ソングを収集しはじめた。そのなかには「現代フォーク・ソングの祖」といわれるウディ・ガスリー（Woody Guthrie, 1912-67）の歌も含まれていた。オクラホマ生まれで、テキサスの親類のもとで育ったガスリーは、不況下で放浪する「ホーボー」（Hobo）と呼ばれる人たちとともに、ギターを持って全国をまわり、土着のメロディに新しい歌詞をつけて、貧困や政治、旅情や自然を歌った。ホーボーというのは、貨物列車に無賃でもぐりこんで、土地から土地へ放浪し、収穫の手伝いなどの季節労働をしてその日暮らしをする人たちのこと。彼らのことを歌ったホーボー・ソング（渡り労働者の歌）をガスリーはたくさんつくりました。

里中　１０００曲を超える作品を残し、自伝的小説やエッセイを書き、ユーモアあふれるイラストを描き、何百通という手紙を友人たちに書き送った才人。苦労人で、およそ少年にできうるあらゆることをやって日々を生き延びた。下層労働者に対する仲間意識が強く、恵まれない人たちに仲間が大勢いることを知らせて、メッセージ・ソングを書きながら、労働運動にも関わった。フォーク・シンガーとしての成功に安住することなく、移動をくりかえした、渡り鳥人生に徹したミュージシャンでした。

バーダマン　1929年の大恐慌、そして30年代半ばにテキサス、ネブラスカ、アーカンソー、オクラホマを襲った大砂塵（Dust Bowl）の影響で、農村社会は壊滅状態に陥り、100万人もの人々が西部（カリフォルニア）へ流れました。その惨状はジョン・スタインベックの『怒りの葡萄』にくわしいけれど、ウディ・ガスリーもまた「ダスト・ボウル・バラッド」としてまとめられる作品群をつくって歌いあげました。こうしてガスリーはメッセージ・ソングを歌うシンガーとして名が知られていった。

ウディ・ガスリー（1943年、アメリカ議会図書館蔵）

里中　フォーク・ソングは、アメリカの社会情勢を反映している。社会の悪に抗議するような歌はカントリーに育っていないけど、フォークは社会にメッセージを送ったり、プロテスト（抵抗する）することを前面に押しだしている。ガスリーはギターに、This Machine Kills Fascists（こいつはファシストをやっつける）と書いていました。とはいえ、彼の場合、その歌詞が告発文になっていないのがいい。歌詞に使われている日常語がまた素晴らしい。口語の躍動感もあるし、マーク・トウェインふうのユーモアもある。ライム（rhyme：脚韻）の手法も見事。

バーダマン　不満よりも希望を歌っているのが、ウディ・ガスリーの名を永遠にしています。

里中　〔This Land Is Your Land〕などが歌いつづけられているのはそのためですね。ピート・シーガー、ボブ・ディラン、ブルース・スプリングスティーン、シャロン・ジョーンズ……、多くのミュージシャンがウディ・ガスリーの曲を歌い継いでいます。

バーダマン　ウディ・ガスリーのファンはいまも多いですね。若きボブ・ディランはウディ・ガスリーを敬愛していて、彼を病院に幾度か見舞っている（ハンチントン病で入院治療をおこなっていた）。ディランはガスリーのことを「私の最後の英雄」とまでいっている。

†ピート・シーガーのメッセージ

里中　アメリカ文化の底流には、近代文明を否定して自然に帰ろうとする動きがつねにあります。それが50年代にはビートニク（物質文明を嫌悪して気ままにふるまう若者）、60年代にはヒッピー（既存の制度や慣習を拒否して脱社会的行動をとる若者）という姿になってあらわれました。一部のフォーク・ソングにもそれが感じられますね。

バーダマン　たしかに、第二次大戦後、大学生が中心になって起こしたカレッジ・フォークにもそうした一面がありました。

里中　カントリー・ミュージックには「素朴」「郷愁」「楽天性」が漂っていたけど、戦後のフォーク・ミュージックには「反抗」「左翼」「悲観性」といったニュアンスが際立っている。殺人を犯して服役したことのある黒人シンガー、レッドベリー（Leadbelly, 1888–1949）は、ブルーズも歌ったけど、仕事や刑務所や差別について歌うことで、フォーク・シンガーとしてアメリカ共産党から英雄視されました。

バーダマン　人々がかかえる不安をカントリーは慰安し、フォークは抵抗へと駆り立てた。50年代以降のフォークを盛りあげたのは、おもに都会のインテリ白人大学生。それを見逃してはなりません。

里中　戦争が終わって東西の冷戦期に入ると、フォークはプロテスト・ソングという側面を強め、当局から共産主義思想と結びつけられて攻撃されました。ピート・シーガー（Pete Seeger, 1919–2014）もそんなひとり。ウディ・ガスリーと一緒に旅をし、思想的にも同

ピート・シーガー（1955年、アメリカ議会図書館蔵）

志関係にありました。

バーダマン　共産主義者のピート・シーガーは非米活動委員会に召喚されて、みずからの共産主義活動を問いただされてもいる。

里中　ピート・シーガーはハーヴァード大で学んだ中産階級出身のエリートです。左翼運動、労働組合運動、環境保護運動、反核運動、公民権運動と、精力的に活動をしてきた。〈グッドナイト・アイリーン〉で有名ですが、60年代になると、ジャーナリスティックなメッセージ性をひじょうに強く押しだしている。

バーダマン　〈花はどこへいった〉は、ヴェトナム戦争のさなかによく歌われた反戦歌ですが、この曲は共産主義者のレッテルを貼られて音楽活動を停止されていた55年、ロシアの作家ショーロホフの小説『静かなるドン』に引用されている子守歌からインスピレーションを受けて書かれた曲。しかも、シーガーは当局の監視下のもと、モスクワへ赴いて、この歌を披露している（57年）。

里中　60年代に入ると、公民権運動やヴェトナム反戦運動と結びついて、フォークはますます政治や社会を批判するツールになっていく。シーガーはとかく反体制の闘士としての側面が強調されるきらいがあるけど、ウディ・ガスリーとともに農民や労働者から土着の歌を習い、それを創作に役立てています。そうした面はもっと評価されていい。

バーダマン シーガーが歌った曲のなかでもっとも有名なのは〈We Shall Overcome〉（邦題：勝利を我らに）だろうけど、あれは黒人活動家の女性が歌っていた〈We Will Overcome〉を改作したもの。現在、わたしたちが耳にしているポピュラー・ソングのうち、ピート・シーガーが発掘、改作したものは相当数ある。

†フォーク・ソングの歌い手たち

里中 ジョニー・キャッシュ（Johnny Cash, 1932–2003）は、フォークとロックの要素を持ち合わせたシンガー・ソングライターです。カントリー、ブルーズ、ロック、ゴスペルを歌ういっぽう、ボブ・ディランやウィリー・ネルスンたちとも行動をともにし、社会的なメッセージも数多く歌詞に盛り込みました。貧困や飢えに苦しむ人、囚人、弱者のことをつねに念頭において曲づくりをしました。

バーダマン 〈リング・オヴ・ファイア〉〈Folsom Prison Blues〉などのヒット曲をだすいっぽう、私生活ではずっと薬物依存症で苦しんでいた。2番目の妻となるジューン・カーター（カーター・ファミリーの一員）の助けもあって復活したけれど、ジューンが死んでから

4か月に満たないうちに糖尿病による合併症で亡くなった。

里中　ウィリー・ネルスン（Willie Nelson, 1933-）は、60年代のヒッピー・ムーヴメントに影響を受けたミュージシャン。保守的なナッシュヴィルのカントリー界からは異端児とみなされた。しかし、ロック・ミュージシャンとの交流を深めたり、ジャズ風味のヴォーカルを披露するなどして、クロスオーヴァーすることの楽しさを教えてくれた。

バーダマン　彼は読書家で、東西の哲学にくわしく、輪廻思想を信奉しています。〈雨の別離〉が有名ですが、独特の鼻にかかった歌声で数々のヒットを飛ばしました。それにしても、フォークの人たちはインテリが多いね。

†吟遊詩人としてのボブ・ディラン

里中　ボブ・ディラン（Bob Dylan, 1941-）の音楽は、純粋な意味での民俗音楽（フォーク・ミュージック）とはいえないけれど、60年代以降のフォークは「自分たちのことを自分たちの言葉で語り、それを自分たちで演奏する」というボブ・ディランのスタイルを取り込んでいますね。

バーダマン　いわゆるフォーク・リヴァイヴァルが一般化したのは1958年以後のこと。公民権運動、ヴェトナム反戦運動とシンクロしながら、フォークはプロテスト・ソングとしての性格を強めていきました。

里中　ボブ・ディランが病床のウディ・ガスリーを見舞って、ウディのようなシンガーになることを決意したのが、ちょうど1960年のこと。

バーダマン　ミネソタ州出身のディランが向かったのはニューヨーク。当時、ニューヨークのグリニッチ・ヴィレッジはフォークの中心地でした。

里中　弱冠20歳で頭角をあらわし、自作の〈風に吹かれて〉でニュー・フォークの旗手となった。どれだけ弾丸の雨が降ったらおさまるのだろうか、と問いかけ、「その答えは風に吹きまくられている」という文学的言辞でしめくくった。ディランが多くの人を魅了したのは、暗喩を駆使した歌詞にある。凡俗なことを聖なるものに化かしたり、明瞭なものを不思議なものへと変容させる術にたけていた。

〔風に吹かれて〕が収録された『フリーホイーリーン・ボブ・ディラン』（Columbia、1963年）

バーダマン　そもそも詩人のディラン・トーマスに憧れて改名したぐらいだからね（本人はインタヴューでそれを否定したことがある）。

里中　それまでのヒットソングは、ほとんどが恋の歌。反戦と人種平等を訴えた歌でヒット・チャートを昇ることはありませんでした。

バーダマン　時代の要請もあったのだろうけど、その吟遊詩人を思わせる歌詞と「カラスのような悪声」は、反体制派の人々をおおいに刺激した。

里中　その後も〈戦争の親玉〉〈時代は変わる〉など、メッセージ性の強い曲を発表しました。それまで恋の歌ばかりつくってきたビートルズが、本心を語ってメッセージをだすようになったのはディランの影響ですね。

『追憶のハイウェイ61』（Columbia、1965年）

バーダマン　しかし1965年、ディランはエレクトリック・ギターを持って歌いだして物議をかもした。それまでアクースティック・ギターひとつで歌ってきたディランに対してブーイングの嵐が吹き荒れた。ディランの信奉者である左翼の大学生、保守的なフォーク・ファンは「ボブ・ディランに裏切られた」と怒りをぶちまけた。彼のコンサートでは「裏切り者!」だとか「ユダ!」などの野次が飛んだ。

里中　ファンは、「時代は変わる」ことは信じられても、「ディランは変わる」ことが許せなかった。

バーダマン　当時、ロックは商業主義の音楽とみなされていた。そして、エレクトリック・ギターは資本主義の象徴だった。ディランは、「フォーク・ロック」というジャンルを開拓したザ・バーズ（The Byrds）に感化され、ウディ・ガスリーやピート・シーガーが嫌悪したショー・ビジネスにあっさり踏み込んでいった。

里中　もとよりディランは、あるイデオロギーを信奉するミュージシャンじゃない。自分の気の向くままに歌っているように見えるけど、ディランの芸術は、つねに大衆の側に立っている。ディランの拠《よ》って立つ場はそこにある。彼がプロテスト・ソングをやめたのは、自分がインテリの愛玩物になって大衆から遊離するのが嫌だったからではないでしょうか。

バーダマン　彼は自分の気持ちにひじょうに忠実なミュージシャンですね。それでいて、いろんな可能性を追求する。美しい声で歌ってみたり、信仰する宗教を変えたりする。

里中　ディランを論じるとき、とかく歌詞の話になりがちですが、名曲もたくさんつくっている。〔ミスター・タンブリン・マン〕〔Stuck Inside of Mobile with the Memphis Blues Again〕〔Million Dollar Bash〕〔Forever Young〕〔ハリケーン〕〔Changing of the Guards〕〔Sweetheart Like You〕などの曲は、聴くたびに感嘆のため息がもれます。

バーダマン　『ブロンド・オン・ブロンド』『追憶のハイウェイ61』『血の轍』などの名アルバムがあるけど、あえて選ぶなら、私は『フリーホイーリーン・ボブ・ディラン』かな。

†シンガー・ソングライター登場

里中 ドンとフィルのエヴァリー・ブラザーズ（The Everly Brothers）は50年代に活躍したデュオ。チェット・アトキンスの助けを得て、ソングライターとしても活躍した。

バーダマン 50年代の白人社会におけるエヴァリー・ブラザーズの人気はすさまじいものでした。〔バイ・バイ・ラヴ〕や〔起きろよスージー〕はいつもラジオで流れていた。

里中 ポール・マッカートニー少年はリヴァプール（イギリス）で、弟と一緒にエヴァリー・ブラザーズを真似ていました。

バーダマン カントリーの伝統である美しいクロース・ハーモニーと明るいロック・ビートは、ビートルズだけでなく、サイモン＆ガーファンクルも魅了した。

里中 ともにニューヨーク生まれのサイモン＆ガーファンクル（Simon & Garfunkel）は、小学校の同級生。ポール・サイモン（Paul Simon, 1941–）はニューヨーク大学とクイーンズ大学、アート・ガーファンクル（Art Garfunkel, 1941–）はコロンビア大学（美術史）と大学院（数学の修士号取得）で学んでいる。内省的で文学的な歌詞と美しいメロディで多くのファンの心をつかんだ。

バーダマン 孤独、疎外感、生と死、そうしたものに対する思念を高い音楽性をもって表現した。〔サウンド・オヴ・サイレンス〕〔ミセス・ロビンソン〕〔ボクサー〕〔アメリカ〕〔明日に架ける橋〕など、繊細な美しさに満ちた名曲をたくさん残しています。

里中　ジャクスン・ブラウン（Jackson Browne, 1948-）もフォークの世界から出てきたソングライター。日常生活の苦悩や葛藤を巧みな比喩を駆使して歌にした。代表作に『プリテンダー』『孤独なランナー』『ホールド・アウト』などのアルバムがある。

バーダマン　彼は市民運動に熱心で、環境やエネルギー問題などに熱心に取り組みました。

†フォークの女性たち

里中　フォークの女性ミュージシャンといえば、まずオデッタ（Odetta, 1930-2008）の名を挙げたい。黒人女性で、『Odetta Sings Folk Songs』という名アルバムを残しています。

『Odetta Sings Folk Songs』
（RCA Victor、1963年）

バーダマン　ボブ・ディランはオデッタを敬愛し、キング牧師は彼女を「アメリカン・フォーク・ミュージックの女王」と呼びました。人種差別撤廃の市民運動にも積極的にかかわった。エラ・フィッツジェラルドの友人で、ジャズの歌唱も身につけていた。

里中　ニューヨーク生まれのジョーン・バエズ（Joan Baez,

1941-）は、最初のころは〈バーバラ・アレン〉をはじめとする伝統的な民謡を歌っていましたが、〈ドンナ・ドンナ〉や〈勝利を我らに〉などのプロテスト・ソングを歌い、公民権運動やヴェトナム反戦集会に積極的な役割を果たしていきます。まだ無名のボブ・ディランを人々に紹介したのも彼女でした（のちに二人は恋人同士になる）。

バーダマン　ボストン大学在学中からギターを持って歌い始め、18歳のときに第1回の「ニューポート・フォーク・フェスティヴァル」に参加、飛び入りで歌っています。徴兵拒否運動に賛同、莫大な軍事費に抗議して連邦税の6割を拒否したりした。何度も投獄されたがめげず、女性闘士として勇名を馳せました。ボブ・ディランがつくった〈Love Is Just a Four-Letter Word〉は彼女の持ち歌となり、広く人々に親しまれました。力強いソプラノ・ヴォイスが素晴らしい。

里中　ジョニ・ミッチェル（Joni Mitchell, 1943-）はソングライティングの才能に恵まれたアーティスト。アルバム『青春の光と影』『ブルー』『コート・アンド・スパーク』『夏草の誘い』『逃避行』など、数多くの名盤を残しています。どれもまったく飽きがこない。かのプリンスは『夏草の誘い』を「時代を超えた傑作」と評価している。

バーダマン　比喩が巧み。コード進行も意表を衝《つ》く。ジャズっぽい曲を歌っても、ジョニ・ミッチェルの歌になってしまうから不思議です。

里中　ジュディ・コリンズ（Judy Collins, 1939-）は、ジョーン・バエズとともにヴェトナム反戦運動に情熱を燃やしました。内面世界を繊細に表現することに長《た》けていて、ジョニ・ミッチェル、レナード・コーエン、ボブ・ディランなどの楽曲をカヴァーして、彼らの才能を広く世に知らしめる役割も果たした。

バーダマン　ピーター・ポール＆マリー（Peter, Paul and Mary）は、ディランの〈風に吹かれて〉やピート・シーガーの〈天使のハンマー〉などを歌ってヒットを飛ばしました。60年代、ヴェトナム反戦のメッセージを送りつづけました。

里中　トレイシー・チャップマン（Tracy Chapman, 1964-）は黒人女性シンガー。タフツ大学で、生物学、アフリカ学、文化人類学を学び、人種、貧困、家庭内暴力などの社会問題に興味をもつようになり、社会に訴えかける手段としてフォーク・シンガーを選びました。デビュー・アルバム『トレイシー・チャップマン』はメッセージ性の強いものでしたが、シンプルな曲づくりと説得力のある歌い方で大ヒットとなりました。

『青春の光と影』（Reprise、1969年）

バーダマン　パーカッシヴなアクースティック・ギター奏法は、歌詞とうまく共鳴しあっていましたね。

里中　こうして眺めてみると、カントリーもフォークも女性が多いですね。

バーダマン　ウーマン・リブもフェミニズムも、彼女たちの力があったからこそ、あれだけの広がりをみせたといえましょう。庶民層の心に訴えかけたのは、活字というよりもむしろ、彼女たちの音楽でした。

第6章　アルバム紹介

Folkways, 1952

V.A.
Anthology of American Folk Music

1926年から33年にかけて発売された、アメリカン・ミュージックの歴史的な録音（ディスク6枚に84曲）を収める（編纂者はハリー・スミス）。内容が豊富であるばかりか、ジャンルも幅広い。また、レコーディングとアーティストに関する解説（英語）もすこぶる充実。これさえあれば、戦前のアメリカ音楽の全体像をつかむことができる。（里）

Lost Highway, 2000

V.A.
O Brother, Where Art Thou ?

映画『オー・ブラザー！』の影響で、アメリカン・ルーツ・ミュージックへの関心がいっきに高まった。ヒルビリー、ブルーズ、ブルーグラスといった音楽をずらっと並べたこのサウンドトラック盤もたいへんな売れ行きを見せた。古い音源にくわえて、当代一流のミュージシャンもレコーディングに参加。これが傑作にならないわけがない。（バ）

Legacy, 1993

V.A.
White Country Blues

1920年代から30年代にかけてのヒルビリーのコンピレーション（2枚組）。このアルバムを聴けば、アメリカン・ルーツ・ミュージックが黒人と白人の混血音楽であることがよくわかるだろう。スライド・ギターのフランク・ハッチスン、バンジョーのチャーリー・プールなど、さまざまな演奏スタイルを楽しむことができる。（里）

JSP, 2002

The Carter Family　カーター・ファミリー
The Carter Family : 1927-34

カーター・ファミリーはアパラチアの古謡をモダンなスタイルで披露した。見事なコーラス・ワークとメイベルのギター奏法に耳を奪われる。のちのミュージシャン（ビル・モンロー、ウディ・ガスリー、ボブ・ディランなど）に与えた影響を考えると、彼らはやはり偉大であったといわざるをえない。1927年から34年までの録音（126曲）が収められている。（里）

MCA Nashville, 2003

Bill Monroe　ビル・モンロー
Anthology

アメリカで根強いファンをもつブルーグラスは、“癒し”の音楽として、日本でも人気がある。その創始者といえばビル・モンロー。この人なしにはブルーグラスは語れない。彼の歴史がすなわちブルーグラスの歴史といってもいいだろう。そのエッセンスがここにある。(バ)

Not Now, 2008

V.A.
American Folk Anthology

フォーク・ソングの歴史のなかで、とりわけ民衆の声を代弁する役割を果たしたのが、1960年代に入ってから注目を浴びるようになった「プロテスト・ソング」である。本アルバムでは、ウディ・ガスリー、ピート・シーガー、オデッタ、レッドベリーなどの代表曲を収録(CD2枚、50曲)。アメリカの民衆の声がここにある。(バ)

Columbia, 1963

Bob Dylan　ボブ・ディラン
The Freewheelin' Bob Dylan

ボブ・ディランが、この最初期のアルバムにおいて、〔風に吹かれて〕〔はげしい雨が降る〕〔くよくよするなよ〕などの名曲をすでにつくっていたことに、いまさらながら驚かされる。内なる声をポエトリーに昇華せしめた新人は、のちにアメリカを代表する吟遊詩人になってゆく。ディランは何も変わっておらず、世の中が変わったことだけに気づかされる。(バ)

Columbia, 1973

Paul Simon　ポール・サイモン
There Goes Rhymin' Simon(邦題『ひとりごと』)

サイモン&ガーファンクル時代から名曲の数々を発表してきたポール・サイモンだが、あえてこのアルバムを歴史に残る一枚としたい。アメリカの風土と音楽に囲まれてきた「僕」が、どんなふうにアメリカを見ているかがよくわかる。〔僕のコダクローム〕〔母からの愛のように〕などの有名曲を収録しているが、それ以外の曲も素晴らしい。(里)

第7章

ロックンロールの時代

Rock and roll music,

if you like it, if you feel it,

you can't help but move it.

That's what happens to me.

I can't help it.

Elvis Presley

ロックンロール・ミュージック、

そいつが好きで、いいと感じたら、

誰だって自然と体が動くだろ。

僕だってそうさ。

どうしようもないんだ。

——エルヴィス・プレスリー

1　ロックンロールの誕生

†ルイ・ジョーダンとリズム&ブルーズ

里中　1940年から50年までの10年間に、南部の黒人がなんと100万人も北部の諸都市に流入しました。

バーダマン　農業の機械化による経済の活性化、それから開戦による軍需産業の雇用拡大が原因と考えられます。

里中　経済力と教育を身につけた黒人の数も増加しはじめ、黒人の収入が増大したことに目をつけたレコード会社は、これを大きな購買層とみなしはじめます。

バーダマン　20年代の黒人向けレコードは「レイス・ミュージック」と呼ばれていましたが、49年を境にして「リズム&ブルーズ」（R&B）という名称にとってかわりました。リズム&ブルーズというのは、「ゴスペルのリズムをもったブルーズ」のこと。レイス・ミュージックを好む白人マーケットに向けて考案された名です。音楽プロデューサーのジエリー・ウェクスラーによって名づけられました。

里中　40年代後半、黒人専用のローカル・ラジオ局が次々と誕生して、ＤＪたちはゴキゲンな音楽を流しはじめた。最初に人気をあつめたのは、黒人テナー・サックス奏者にしてシンガーのルイ・ジョーダン（Louis Jordan, 1908–75）。つんのめるようなビートと茶目っ気たっぷりなコミカルな歌い方が大変ウケた。ビッグバンド・ジャズとブルーズを融合させたジャンプ・ブルーズの代表的人物です。

ルイ・ジョーダン（1951年）

バーダマン　本人は「シャッフル・ブギ」とか「ジャンピン・ジャイヴ」とも呼んでいたようだけど、その名のとおり、ブルーズをリズミックにジャンプさせた。こうしてジャンプ・ブルーズが誕生した。

里中　たいへん進歩的なアーティストで、あとにつづくミュージシャンは彼のやったことを模倣した。彼こそ、クロスオーヴァーの先駆者といいたい。人気もあった。ジェイムズ・ブラウンは「ルイ・ジョーダンこそが当時のベストだ」と回想している。

バーダマン　40年代後半から50年代半ばにかけてティーンエイジャーだった黒人にとって、ルイ・ジョーダンはアイドルでした。レイ・チャールズ、チャック・ベリー、ジェイムズ・ブラウン、彼らはみんなルイ・ジョーダンの大ファンだった。

里中　〔G・I・ジャイヴ〕〔チュー・チュー・チ・ブギ〕などのヒット曲がありますね。ジェイムズ・ブラウンは彼の〔Caldonia〕をよくステージで歌っていたし、チャック・ベリーの〔ジョニー・B・グッド〕は〔Ain't That Just Like a Woman〕からインスピレーションを受けている。日常の生活感を歌詞に盛り込んだ点においても彼は先駆者です。

バーダマン　ノリもいいけど、歌詞に黒人特有の口調やスラングを含ませたところがリスナーの心をくすぐった。B・B・キングもルイ・ジョーダンの曲をしばしばステージにのせていたし、彼の『レット・ザ・グッド・タイムス・ロール』はルイ・ジョーダンに捧げられたアルバム。いずれにしても、ルイ・ジョーダンのリズムとユーモアは、多くのミュージシャンに引き継がれ、黒人大衆の意識と感性を束ねていきました。

†ロックンロールという言葉

里中　ロックンロール（Rock 'n' roll）と呼ばれる50年代のポピュラー音楽は、ジャンプ・ブルーズやビッグバンド・ジャズの影響を受けた黒人のリズム&ブルーズに、白人のカントリー音楽が結びついたものです。わずかの期間でしたが、ロカビリー（Rockabilly）なんて言葉もあった。ロックンロールとヒルビリーを合わせた用語。白人が歌う、黒人の要素が入ったヒルビリーをそう呼んでいた。

バーダマン しゃっくりするように語尾をしゃくりあげるヒカップ唱法と、ウッドベースによるダイナミックなスラッピング奏法が特徴的だった。

里中 ジェイムズ・ブラウンは「エルヴィス・プレスリーはロカビリー歌手だ」とくりかえしいっていた。

バーダマン しかし、ロックンロールはロカビリーを呑み込んでしまった。

里中 ロックンロールは大きな胃袋をもった生物へと成長していった。

バーダマン 「ロック」も「ロール」も、そして「ロック・アンド・ロール」もすでにR&Bの歌詞のなかにあったものだけど、「ロックンロール」という言葉を白人が耳にするようになったのは、1951年に白人DJのアラン・フリードが自身の番組に『ムーンドッグズ・ロックンロール・パーティ』という名をつけ、白人にウケそうな黒人のR&Bというジャンルを「ロックンロール」と呼んだことによる。このときから「ロックンロール」という生き物はひとり歩きを始めます。

里中 語源的なことをいうと、「ロック」も「ロール」も黒人のスラングで、セックスを指す隠語でした。

バーダマン はっきりいってしまえば、〝ファック〟の婉曲表現です。

里中　それが、やがて「楽しく騒ぐ」という意味をもつようになり、マーケティング・コンセプトに変換され、音楽ジャンルのひとつになった。

†1954年の噴火

バーダマン　それまで黒人たちが歌うR&Bを流すラジオ番組がなかったわけではありません。しかし、それは黒人DJによる黒人リスナーのための番組だった。

里中　1947年の調査では、推定3000人の全米DJのうち、黒人はわずか16人だった。アラン・フリードが、白人のリスナーに向けて、黒人のR&Bをかけまくった最初の白人DJでした。

バーダマン　だから、白人たちから「ニガー・ラヴァー」（黒んぼ好き）と呼ばれて軽蔑されることもあった。しかし、白人の若者たちは彼を熱狂的に支持した。やがて、アラン・フリードは黒人アーティストをフィーチャーしたロックンロール・ダンス・パーティを各地で主催するようになり、チケットは飛ぶように売れた。

里中　ロックンロールの最初の楽曲は、黒人のヴォーカル・グループ、クロウズ（The Crows）が歌った〔ジー〕（54年）だとか、同じく黒人グループのコーズ（The Chords）の〔シュブーン〕（54年）だとか、いやいや黒人シンガー、ビッグ・ジョウ・ターナー（Big

Joe Turner, 1911-85）の〈シェイク・ラトル・アンド・ロール〉（54年）だよとか、諸説あるわけですが、どうやらロックンロールのマグマ活動が活発になったのが１９５０年前後で、噴火したのが54年ごろと考えてよさそうですね。

バーダマン ブームの発端になったのは、白人グループ、ビル・ヘイリー＆ヒズ・コメッツ（Bill Haley & His Comets）の〈ロック・アラウンド・ザ・クロック〉（54年）。リリースされた当初は注目されなかったけれど、映画『暴力教室』のテーマ・ソングとして使われたことがきっかけで大ブレイクした。

里中 ビル・ヘイリーもまた、ルイ・ジョーダンからビートを学びとっています。調べてみたら、ビル・ヘイリーのプロデュースをしたのが、じつはルイ・ジョーダンのプロデューサーでもあったミルト・ゲイブラーだった。

バーダマン つづいてヘイリーは〈シェイク・ラトル・アンド・ロール〉をカヴァー。これも大ヒットした。しかし、ヘイリーはすでに30歳で、妻も子もいた。太りぎみで、髪が薄く、額にはカールした髪をたらしていた。彼の風貌に大人社会に対する〝反抗〟のイメージはなかった。

里中 そのころテネシー州メンフィスでは……。

バーダマン のちに「ロックンロールの王様」と呼ばれる若者がデビューのチャンスをう

かがっていた。

2 偉大なるエルヴィス

†エルヴィス登場

里中 1950年、サム・フィリップスという男が、北部の都市へ旅立ってしまうブルーズマンやリズム&ブルーズのミュージシャンをつなぎとめておくため、地元メンフィスに、プロとして売り出すための録音をするサン・レコード・カンパニーと、素人向けの記念録音を専門とするメンフィス・レコーディング・サーヴィスを設立します。

バーダマン 彼は白人だったけど、黒人にも白人にも平等にレコーディングのチャンスを与えようとした。アイザック・ヘイズは「サムは、よい音楽をつくりだしさえすれば、肌の色など気にしなかった」と語っている。

里中 サム・フィリップスの傘下には、B・B・キング、ハウリン・ウルフ、ルーファス・トーマス、アイク・ターナーら、錚々《そうそう》たるミュージシャンがいた。しかし彼は、黒人のマーケットが狭いこともよく知っていた。そこで、白人のティーンエイジャーの心に訴えかける音楽を探し始めます。

バーダマン　当時のメンフィスでは、黒人音楽と白人音楽が急速に接近しつつあった。そんな折、自主制作レコードを専門とするメンフィス・レコーディング・サーヴィスへ、派手な服装だが、内気な18歳のトラック運転手がやってきた（53年7月）。若者は「レコードをつくりたいんです」と丁寧な口調でいった。母親の誕生日を祝うためだ、と理由を添えた。どんな歌をうたうのかという質問には「僕のは誰の歌にも似ていません」（I don't sound like nobody.）と答えている。そして、エラ・フィッツジェラルドの〈マイ・ハッピネス〉と、黒人ヴォーカル・グループ、インクスポッツ（The Ink Spots）の〈心のうずくとき〉を歌った。

里中　若者は母親の誕生日の2か月後にスタジオにやってきていた。つまり、母親は誕生日を迎えたばかりで、次の誕生日はだいぶ先だった（笑）。その日、あいにくサム・フィリップスはいなかったけど、アシスタントの女性マリオン・カイスカーは若者の名を忘れなかった。〝何か〟を感じたのでしょうね。

バーダマン　その若者は、プロのプロデューサーに自分の歌を聴いてもらいたかったのでしょう。

里中　そして、運命を決する日がやってくる。

バーダマン 54年7月5日。サム・フィリップスは、二人の伴奏者（スコティ・ムーアとビル・ブラック）を紹介して、その若者に数曲歌わせてみることにした。何か売れるものはないかと思ってテストさせたというわけ。

里中 歌の大半は、エディ・アーノルドやビング・クロスビーが当時ヒットさせていた楽曲だった。しかし、どの歌もパッとしない。

バーダマン やがて休憩が告げられ、重い空気が室内にたれこめた。オーディションが不首尾に終わりそうなことを悟った若者は、気分転換をしようと、黒人の歌をたわむれにいくつか歌いはじめる。

里中 そのなかにミシシッピ出身の黒人ブルーズマン、アーサー・クルーダップ（Arthur Crudup, 1905–74）の〈ザッツ・オール・ライト・ママ〉があった。

バーダマン 若者は突如としてエンターテイナーに変身。さらに伴奏者を乗せようとして踊りもくわえた。二人の伴奏者は笑いだしながらも、楽器に手を伸ばし、楽しげに演奏しはじめた。それを見ていたサム・フィリップスは、若者のなかに自分が探していたものを発見した。まさにその瞬間、エルヴィス・プレスリー（Elvis Presley, 1935–77）の伝説が生まれたのだった。

†エルヴィスはなぜ偉大なのか

里中 ロックンロールを「ロック」に変えたのはビートルズですが、ジョン・レノンが「エルヴィスがいなければ、ビートルズも生まれていない」（If there hadn't been an Elvis, there wouldn't have been the Beatles.）と述べているとおり、エルヴィスが果たした役割はとてつもなく大きい。

バーダマン かのボブ・ディランにしても、「はじめてエルヴィスの声を聴いたとき、もうふつうの勤め仕事はできない、上司なんてまっぴらだって感じたよ。まるで脱獄したような気分だった」（When I first heard Elvis's voice, I just knew that I wasn't going to work for anybody and nobody was gonna be my boss. Hearing him for the first time was like busting out of jail.）と感じたという。

里中 ブルース・スプリングスティーンは「エルヴィスは俺の神なんだ。エルヴィスがいなかったら、いまごろは百科事典のセールスをやっているよ」（Elvis is my religion. If it wasn't for Elvis, I'd be selling encyclopedias.）と語っています。

バーダマン あのフランク・シナトラも「俺はただの歌い手にすぎないけれど、エルヴィス・プレスリーはアメリカ文化の象徴だ」（I'm just a singer, Elvis Presley is the embodiment of the whole American culture.）とまで称えている。エルヴィスとは、そういう存在なのです。

里中　エルヴィスが登場した50年代は、白人と黒人は相容れないものとして双方が壁をつくっていた。公民権運動が広がるにつれて、互いの憎悪はますます激しくなっていく。そうした現実をまえにして知識人が頭を抱えているとき、白人のエルヴィスは黒人になりきって歌い踊ることで、その壁を軽々と乗り越えてしまった。人種問題を観念や理屈で解決するのではなく、白人が黒人を真似することで、白人と黒人が手を取り合って歩む道を模索しはじめた。彼ほどのインパクトを音楽的にも社会的にも与えた人は誰ひとりとしていないでしょう。

バーダマン　歴史学者のダグラス・ブリンクリィは「エルヴィスを嫌うこと、彼の音楽と黄金の声をしりぞけることは、アメリカそのものを理解しないことであり、エルヴィスはアメリカに革命を起こした存在であるという決定的な点を見逃すことだ」とまで述べています。

里中　エルヴィスがでてくるまで、黒人は黒人の音楽を聴き、白人は白人の音楽に耳を傾けていました。軽蔑していた黒人の音楽をわざわざ歌う白人などいるはずもなかった。黒人ミュージシャン、リトル・リチャードは「エルヴィスは音楽をひと

『監獄ロック』のエルヴィス・プレスリー（1957年、アメリカ議会図書館蔵）

つにした。彼は神の恵みだ。白人は黒人の音楽を閉じこめていたけれど、エルヴィスがその扉を開いてくれたんだ」（He was an integrator. Elvis was a blessing. They wouldn't let black music through. He opened the door for black music.）と語っています。エルヴィスはまた、黒とピンクを組み合わせた服を着ることがあったけれど、あれだって黒人が好むコーディネーションだった。

バーダマン　エルヴィスを語るときに忘れてならないのは、ずばり、その下半身の動き。右足に重心を置いて、左足を激しく動かす。あらかじめ用意されたしぐさではなく、そのときの感情に煽《あお》られた、震えにも似た動きをしてみせる。それまでの白人は静かに立って歌うだけだった。我を忘れて歌い踊る彼を見ていると、体も思考もすべて黒人になることを夢みていたとしか思えない。音楽は耳だけではなく、全身を、心を震わせるものだということを実践してみせた。

里中　感情のひとつひとつが表情となり、それらが身体の動きをつうじて伝えられた。

バーダマン　思いっきり歌えば感情が伝わるというものではありません。エルヴィスはとまどいながら、震えるようにして歌う。彼の動きには、あらゆる感情が込められていた。

里中　しかし、その震え、とくに下半身の震えは、あまりにも挑発的で、多くの親たちは淫らで下品すぎると声をあげた。とりわけ北部のメディアにとって、エルヴィスは遅れた南部からやってきた「無教養な白人」だった。腰をふる猥褻な動きを「骨盤エルヴィス」（Elvis the Pelvis）と呼んでからかいました。

バーダマン　親とメディアはエルヴィスのあからさまなセクシュアリティに取り乱したけれど、少年少女はただただ夢中になるばかりでした。それが当時の状況だった。腰を振るしぐさがいかに強烈だったかは、映画『フォレスト・ガンプ／一期一会』を観てもわかります。無名時代のエルヴィスが脚にギプスを装着したガンプの動きにヒントを得て、あのステージ・パフォーマンスをあみだしたという設定になっているのだけど、ガンプの母親がTVで腰をふるエルヴィスを見て、ガンプに「子どもの見るものじゃない」というくだりに、当時の親たちの当惑ぶりがみてとれます。

里中　しかし、エルヴィスが出演したTV番組『エド・サリヴァン・ショー』の視聴率は、なんと驚異の82・6パーセントだった（1957年）。いつのまにかアメリカ人はみんなエルヴィスに夢中になっていた。

バーダマン　ある人は〈ハートブレイク・ホテル〉に、ある人は〈ハウンド・ドッグ〉に、またある人は〈冷たくしないで〉に夢中になった。私もエルヴィスに夢中になったひとりで、エルヴィスの歌なら、いまでもほとんどすべて歌えます。また、エルヴィスの真似をすれば女の子にモテるんじゃないかと思って、髪をオイルでなでつけたりしていました。

†エルヴィスはどこからきたのか

里中 エルヴィスは、ミシシッピ州テューペロという田舎の出身ですね。

バーダマン ほこり道しかないようなところで、産業といえるものは乳業だけ。プレスリーの家も貧乏だった。しかし、手製のシガーボックス・ギターを手にしたのが5歳のときだといわれ、ちゃんとしたギターを10歳の誕生日に両親からもらっている。早くから音楽に興味をもっていたようですね。

里中 黒人居住区が近く、黒人たちが歌っているのをよく目にしていた。ヒルビリー、ブルーズ、ゴスペル、スピリチュアルに幼いころから身を浸していた。

バーダマン 南部の煮込み料理、ガンボのように、ごたまぜの音楽を聴いていた。それが彼のなかでブレンドされて、ひとつの声になった。エルヴィスは「ロックンロールの王様」ということになっているけど、じつはグラミー賞の受賞がすべて、ゴスペル、宗教歌の部門での受賞です。

里中 エルヴィスは「2歳のころから親しんでいたのはゴスペルで、音楽といえばゴスペルだった」と述べている。

バーダマン コンサートやレコーディングのリハーサルの前には、かならずゴスペルを歌ったといいます。ゴスペルこそが立ち返る原点だった。

里中　13歳のとき、一家はメンフィスに移り住む。社会の下層にいたエルヴィスは、高い階層にいる白人よりも、黒人のほうに親近感を覚えた。

バーダマン　有名になったエルヴィスは、あるインタヴューで「いま僕がやっているようなことを、黒人の人たちはずっと長いあいだやってきたんだ」と答えています。

里中　１９４８年には、メンフィスに黒人専用局であるＷＤＩＡが開局した。これも13歳のエルヴィスにとっては大きな出来事だった。夜更けに、エルヴィスはこっそりラジオのダイアルを合わせていたと伝えられている。

バーダマン　ラジオをひねれば、ビング・クロスビーからオペラまで流れていた。なかでも、前章にも登場した「グランド・オウル・オプリ」というラジオ番組で流すカントリー・ミュージックは、エルヴィスのみならず、南部出身のミュージシャンに大きな影響を与えました。ところで、エルヴィスのアルバムのなかで、愛聴盤といったら何ですか。

里中　56年のデビュー・アルバム『エルヴィス・プレスリー登場！』ですね。野性味あふれるファルセット、官能的なヴィブラート、そして狂おしいシャウト。すべての曲が、エルヴィス

『サンライズ』（RCA、1999年）

に歌われるのを待っていたかのように、そこにある。
バーダマン 私は、デビュー前の、55年の秋にメンフィスのサン・レコードでおこなったセッションを録音した『サンライズ』(99年発表)をあえて挙げたい。衝撃的、超越的、独創的で、他との比較をゆるさない。いま聴いてもぞくぞくする。

3 ロックンロールの黄金時代

†チャック・ベリーの革新性

里中 ロックという巨大な音楽ジャンルを生みだしたロックンロールの創始者たちも、やはり黒人でした。そのレジェンドのひとりが、セントルイス(ミズーリ州)生まれのチャック・ベリー(Chuck Berry, 1926–2017)です。
バーダマン ジョン・レノンは、「ロックンロールに別名を与えるならば、それはチャック・ベリーだ」(If you had to give rock and roll another name, you might call it Chuck Berry.)と述べています。
里中 ギターのイントロで、あるいはリフで、もうチャック・ベリーだとわかる。彼はロックンロールの最初のギター・ヒーロー。

バーダマン　なかでも膝を曲げての〝ダック・ウォーク〟しながらのギター・プレイ。〔ロール・オーヴァー・ベートーヴェン〕や〔ネイディーン〕など、数々のノリのいい曲があるけど、〔ジョニー・B・グッド〕は別格、あれこそ永遠のロックンロール。

里中　「〔ジョニー・B・グッド〕には打ちのめされた。たまげたよ。あれで俺の将来が決まった」(Johnny B. Goode knocked me out. It floored me. That's when I knew what I wanted to do.) というキース・リチャーズの有名な言葉があるけど、多くのミュージシャンが同じようなことをいっている。「完全にノックアウトされた」って。こうして何世代にもわたる白人ガレージ・バンドの誕生のきっかけとなり、ロックンローラーになるというティーンエイジャーの夢を大いにかきたてた。

バーダマン　映画『バック・トゥ・ザ・フューチャー』(85年)で、タイムスリップした主人公がチャック・ベリーに電話をかけ、受話器ごしに〔ジョニー・B・グッド〕を聴かせる愉快なシーンがあるけど、〔ジョニー・B・グッド〕はそれぐらい衝撃的な曲でした。

1958年頃のチャック・ベリー
(*Billboard*, 1972年11月25日号)

里中　歌詞もしゃれています。ジョン・レノンはまたチャック・ベリーを「最初のロックンロール詩人」と呼びましたが、それは身近な生活の様子をうまく歌詞にした、ということを意味している。チャック・ベリーは視覚イメージを喚起するのがとてもうまく、ブロマイドで定期券入れをふくらませたり、ロック・コンサートに行くのをママにおねだりしたり……ティーンエイジャーの日常をこまかく活写した。ボブ・ディランはチャック・ベリーを「ロックンロールのシェイクスピア」とまで呼んでいます。

バーダマン　チャック・ベリーの歌詞には、白人中産階級の子弟をくすぐるキーワードがたくさんある。明らかに白人マーケットを意識して書いていますね。

†最初期のスターたち

里中　ファッツ・ドミノ（Fats Domino, 1928–2017）も、ロックンロールのオリジネーターのひとり。50年代、次々にミリオンセラーのヒットを飛ばしています。ちなみに、「ファッツ」（太っちょ）という愛称は、彼の胴まわりを描写するものとして献上されたもの。

バーダマン　ブギ・ウギ調のピアノを弾きながら楽しそうに歌う表情は、誕生したばかりのロックンロールを象徴しています。代表曲は〈エイント・ザット・ア・シェイム〉〈ブルーベリー・ヒル〉〈ブルー・マンデイ〉〈アイム・ウォーキン〉など。

里中　ビートルズは4人ともファッツの大ファンで、ジョンもポールもソロになってから〔エイント・ザット・ア・シェイム〕をカヴァーしています。

バーダマン　ファッツはニューオリンズのフレンチ・クリオール。10歳のころからピアノを始め、ジャズ、ブルーズ、R&Bなど、さまざまなスタイルを取り入れて曲づくりをした。ニューオリンズのR&Bとロックンロールはファッツがつくりだしたといっても過言ではないでしょう。

里中　「ロカビリー界の王」と呼ばれるカール・パーキンス（Carl Perkins, 1932–98）の名も挙げておきたい。ポール・マッカートニーは「カール・パーキンスがいなかったら、ビートルズは存在していなかった」といっています。

バーダマン　カール・パーキンスはずっとカントリーをやっていたけど、「エルヴィスのようになりたい」と望んで、サン・レコードのオーディションを受けた。自身のペンで〔Blue Suede Shoes〕を書きあげ、これはのちにエルヴィスによってカヴァーされました。

里中　ビートルズは〔マッチボックス〕と〔ハニー・ドント〕をカヴァーしています。

バーダマン　生まれも育ちもテネシー州というカール・パーキンスは、幼いころからゴスペル、ブルーズ、カントリー、ブルーグラスを聴いて育った。彼のギターを聴くと、さまざまな要素がミックスされていることに気づく。

里中　ジェリー・リー・ルイス（Jerry Lee Lewis, 1935–）もロックンロール草創期のひとり。エルヴィスの移籍後、サン・レコードからデビューしました。グリッサンド（指先を鍵盤上ですばやくスライドさせること）をはじめ、ワイルドなピアノを弾く白人ロックンローラーとして人気をあつめた。演奏中にピアノの椅子を蹴ったり、立ったままピアノを弾いたり、鍵盤の上に座ったり……その過激なパフォーマンスで「殺し屋」（The Killer）と呼ばれた。

バーダマン　ライヴ・アルバム『Live at the Star Club, Hamburg』が素晴らしい。〔Whole Lotta Shakin' Goin' On〕や〔火の玉ロック〕が有名ですね。ミック・ジャガーやロッド・スチュワートなどをゲストに招いたコンサート（２００７年）を収録したＤＶＤ『Last Man Standing Live』を見ると、ジェリー・リーがどれほど当時の若者を煽っていたかがよくわかります。

†リトル・リチャードの逸脱

里中　後進に与えた影響力という点では、リトル・リチャード（Little Richard, 1932–）の衝撃についてふれないわけにはいきません。

バーダマン　ボブ・ディランがハイスクールを卒業するとき、「将来の夢」というコメント欄に「リトル・リチャードの仲間になること」と記したというのは有名な話です。

里中　ビートルズは、知られているだけでも、リトル・リチャードの曲を13曲も演奏しています。とりわけポール・マッカートニーは、彼のブッとんだシャウトのとりこになったようです。

バーダマン　リトル・リチャードはいろんな既成の枠からハミだしていますね。エネルギッシュな歌唱法、意味不明な歌詞、きらびやかなゲイ・ファッション、いずれもそれまでの常識から逸脱している。〈のっぽのサリー〉〈ルシール〉〈リップ・イット・アップ〉〈ジェニ・ジェニ〉などのヒットを飛ばしました。

里中　ナンセンスな言葉を踊らせるのを得意としました。〈トゥッティ・フルッティ〉(56年)では、"A-wop-bop-a-loo-mop-a-wop-bam-boom!"と叫んでいる。こんな意味不明でノリのいい歌詞は、これまで聴いたことがない(笑)。

デビュー・アルバム『Here's Little Richard』(Specialty、1957年)

バーダマン　また、人気絶頂期に引退を表明して牧師になったと思えば、すぐに復帰するなど、私生活の話題にもこと欠きませんでした。

†白人のロックンロール・スター

里中　ロックンロールのレジェンドたちはまた、後進のミュージシャンたちを数多く生みだした。とりわけエルヴィスにインスピレーションを受けた白人パフォーマーはたくさんいました。

バーダマン　しゃっくり唱法の、メガネをかけた美男子、バディ・ホリー（Buddy Holly, 1936-59）はそのひとり。〔ザットル・ビー・ザ・デイ〕〔イッツ・ソー・イージー〕〔ペギー・スー〕などのヒットを放ちました。フェンダー・ストラトキャスターのギター・サウンドがきらびやかで、イギリスのビートルズ、ローリング・ストーンズ、サーチャーズにも影響を及ぼしました。しかし残念ながら、22歳の若さで、飛行機事故で死去してしまった。

里中　エディ・コクラン（Eddie Cochran, 1938-60）は、〔バルコニーに座って〕〔サマータイム・ブルーズ〕を大ヒットさせました。ロックンロール映画『女はそれを我慢できない』（1956年）の彼はいま見てもまぶしい。

バーダマン　日本でも人気が高かったみたいですね。ギター・テクニックが巧み。人気絶頂にあった1960年に自動車事故で死去してしまった。

里中　〔ビーバップ・ア・ルーラ〕のジーン・ヴィンセント（Gene Vincent, 1935-71）。彼もまた、バディ・ホリーやエディ・コクランと同様、活動範囲をヨーロッパにまで広げることで、大きな人気を博しました。

バーダマン　とくにイギリスで人気があった。英国人のイアン・デューリーは〈スウィート・ジーン・ヴィンセント〉で、やさしく、そして激しくジーン・ヴィンセントを称えています。

†ブリル・ビルディングの職人たち

里中　50年代から60年の半ばころまで、エルヴィスをはじめとして、みずからソングライティングをやる白人歌手はほとんどいませんでした。そこで、ソングライティング・チームが作詞と作曲を請け負っていたのですが、ニューヨークのブリル・ビルディングとアルドン・ミュージック・カンパニーは、多くのライターたちの仕事場となっていました。〈ビー・マイ・ベイビー〉〈Baby, I Love You〉のエリー・グリニッチ&ジェフ・バリー、〈スタンド・バイ・ミー〉や〈ハウンド・ドッグ〉のジェリー・リーバー&マイク・ストーラー、〈ロコモーション〉や〈ナチュラル・ウーマン〉のキャロル・キング&ジェリー・ゴフィン、〈雨にぬれても〉や〈ウォーク・オン・バイ〉のバート・バカラック&ハル・デイヴィッドなど。

バーダマン　彼らは流れ作業の工場のように名曲を次から次へと量産しました。ところが、ボブ・ディランやビートルズがソングライティングをやるようになると、音楽の重心はいきおい楽曲から、誰が、何を、どんなふうに歌うかに移っていった。

『つづれおり』（Ode、1971年）

里中　キャロル・キング（Carole King, 1942-）は、名の知れたソングライターでしたが、自分自身でも歌うようになり、『つづれおり』（Tapestry）をはじめ、数々の名アルバムを発表しました。

バーダマン　彼女は音楽的才能に恵まれた天才少女。多くのソングライターに多大なる影響を及ぼしました。彼女の半生はミュージカル『ビューティフル』（2013年）にも描かれ、世界各地で上演され、大好評を得ています。

4　ロックの地平へ

†ロックンロールからロックへ

里中　60年代に入ると、ロックンロールは元気をなくしていきます。まず、ラジオのDJたちが、レコードをかける見返りにレコード会社から金銭を受けとっていたという疑惑をかけられた。

バーダマン　ラジオでレコードを紹介してもらうため、DJに賄賂を贈ることを「ペイオラ」(payola) という。レコード会社は、食事をごちそうしたり、お金を渡したり、コールガールを派遣したりしました。人気DJのアラン・フリードもペイオラ疑惑で失脚したひとりです。

里中　くわえて、2年間の兵役を終えて60年に帰ってきたエルヴィス・プレスリーの人気は停滞気味。リトル・リチャードは「神の啓示を受けて」音楽業界からの引退を表明（58年）。ジェリー・リー・ルイスは13歳の少女と結婚していたことが発覚して表舞台から退場（58年）。バディ・ホリーは飛行機事故で不帰の人となり（59年）、チャック・ベリーはといえば、14歳の少女と肉体関係をもったことで入獄（62年）。かつてのロックンロール・ヒーローたちの衰退はいちじるしかった。

バーダマン　そこへ入れ替わるかのように、イギリスからロック再生の象徴があらわれた。おでこに前髪を垂らした奇妙なヘアスタイルの4人組。

里中　ザ・ビートルズ。イギリスのゴフィン&キングを目指したジョン・レノンとポール・マッカートニーのチームは、ノリのいい曲を連発、64年の4月の全米ヒット・チャートは、ビートルズが第1位から5位まで独占しました。第1位は〈キャント・バイ・ミー・ラヴ〉、2位は〈ツイスト・アンド・シャウト〉、3位は〈シー・ラヴズ・ユー〉、4位は〈抱きしめたい〉、5位は〈プリーズ・プリーズ・ミー〉。

バーダマン　ビートルズ旋風に乗じて、イギリスのミュージシャン（ローリング・ストーンズ、アニマルズなど）が続々と〝アメリカ上陸〟を果たす。いわゆる「ブリティッシュ・インヴェイジョン」（イギリスの侵攻）というやつですね。

里中　黒っぽいロックンロールが下火になると、さまざまなポピュラー音楽の芽が吹きはじめました。60年代に入ると、ツイストが大流行。きっかけは、ハンク・バラッド（Hank Ballard, 1927-2003）の〈ザ・ツイスト〉。体をねじるダンスも彼が考案しました。それを若くてかっこいいチャビー・チェッカー（Chubby Checker, 1941-）が真似して世はツイスト・ブームとなった。

バーダマン　音楽用語の「ロック」が定着しはじめるのは65年から67年ごろからだけど、それにはアメリカにおけるビートルズ旋風、そしてボブ・ディランのエレクトリック・ギターへの〝転向〟が大いにかかわっています。

里中　テクノロジーの進歩によって、エレクトリック楽器がさらなる大音量を出しはじめたことも無関係ではないですね。これによって野外で大規模コンサートが開かれるようになり、巨大なエネルギーが放出されるようになりました。

†60年代以降の「ロックの英雄」たち

里中　60年代後半にデビューしたのが、クリーデンス・クリアウォーター・リヴァイヴァル（Creedence Clearwater Revival）。サンフランシスコ出身ですが、南部の土くさいサザン・ロック、スワンプ・ロック（南部の湿地帯を思わせる泥くさい白人ロック）の先駆者となった。

バーダマン　〔雨を見たかい〕〔プラウド・メアリー〕〔Who'll Stop The Rain〕などが名曲だということとは、数多くのミュージシャンがカヴァーしていることからもわかります。〔Born on the Bayou〕〔Green River〕〔Fortunate Son〕〔Down on the Corner〕などの曲には、南部の風景への憧憬や、厳しい経済状況にあってもめげずに生きていく人たちの姿が描きだされていて、私のような南部人にとっては、もうたまらない。

里中　ディレイニー&ボニー（Delaney & Bonnie）も素晴らしい歌声を聴かせてくれました。エリック・クラプトンとの共演で名が知られるようになったけど、メンフィスのスタックス・レコードで吹き込んだアルバム『ホーム』、そして傑作『モーテル・ショット』は歴史に残る傑作ですね。

バーダマン　なんといってもデラニーの妻、ボニーの声がいい。叫んでよし、静かに歌ってよし。

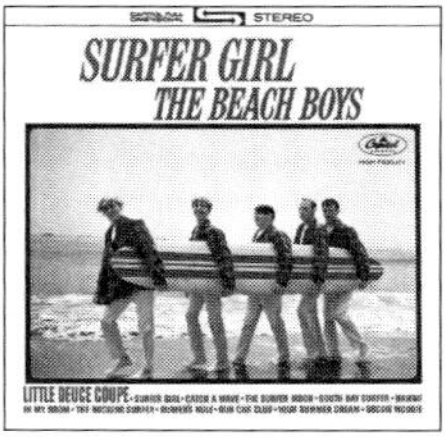

『サーファー・ガール』（Capitol、1963年）

里中　西海岸では60年代、サーフィンが流行しました。ビーチ・ボーイズ（The Beach Boys）の登場です。〔サーフィン・USA〕〔サーファー・ガール〕〔グッド・ヴァイブレイションズ〕などのヒットを飛ばしました。

バーダマン　夏、サーフィン、改造車、ビキニの女の子などを描写する歌詞は、アメリカの生活様式を明るく肯定したチャック・ベリーの手法をずいぶん取り込んでいますね。コーラス・ハーモニーが素晴らしい。

里中　メンバーのひとりブライアン・ウィルスン（Brian Wilson, 1942–）がプロデュースをおこなうようになると、一見シンプルに感じられる楽曲でも、じつに複雑なコード展開やアレンジがなされていて、息をのむことがしばしばある。彼の半生を描いた映画に『ラブ&マーシー　終わらないメロディー』（2015年）がありますが、60年代の彼をポール・ダノが、80年代の彼をジョン・キューザックが演じています。一見の価値ありです。

バーダマン　『ペット・サウンズ』（66年）以降の『スマイル』（67年）『サンフラワー』（70年）もいいけど、『サーファー・ガール』（63年）や『ザ・ビーチ・ボーイズ・トゥデイ』（65年）などは、キラキラしていたアメリカを見るようで、思わず感傷にふけってしまう。

†70年代のロック

里中　70年代になると、西海岸からイーグルス（The Eagles）があらわれます。デビュー曲〔テイク・イット・イージー〕で、いきなりヒットを放った。

バーダマン　バーニー・レドンがいたころはカントリーっぽいイメージが強かったけれど、徐々にロックの色調が濃くなっていきましたね。

里中　ギタリストのドン・フェルダーが加入したのが大きい。随所で見事なギター・フレーズを聴かせてくれる。〔ホテル・カリフォルニア〕を作曲したのもドン。もちろんあのギター・フレーズもドンが考案した。

バーダマン　イーグルスのコーラス・ワークにも注目してほしい。ひじょうに洗練されていて美しい。

里中　グレイトフル・デッド（Grateful Dead）はいかがですか。私にとっては、60年代後半から70年代にかけての〝アメリカ社会の陰画〟を感じさせるバンドなのですが。

バーダマン　ヒッピー文化、サイケデリック文化を代表するグループとの印象がありますね。彼らはメインストリームにはいなかったけれど、陽のあたらないところでは支持者をあつめていた。熱狂的なファンは「デッドヘッズ」と呼ばれ、彼らのツアーについてまわりました。『ワーキングマンズ・デッド』『アメリカン・ビューティー』などが有名ですね。

里中　ランディ・ニューマン（Randy Newman, 1943-）にも言及しておきたい。『セイル・アウェイ』『グッド・オールド・ボーイズ』『小さな犯罪者』などの傑作アルバムを発表したソングライター。ビーチ・ボーイズのブライアン・ウィルスンが、あえてアルバム名をだして高く評価したのは、ビートルズの『ラバー・ソウル』とランディ・ニューマンの『セイル・アウェイ』だけ。最大公約数的な倫理意識から逸脱したむきだしの言葉を彼はつむぎだしています。人種偏見を語り、背の小さい人をからかう。しかし、つむじ曲がりの彼は、登場人物について歌うのではなく、登場人物になりきって歌う。どの歌にも少数の熱狂的なファンがいて、少数の集合体が多数を形成している。ちなみに私は、南部の貧しい白人農民の胸中を描いた〔Rednecks〕と、ライト兄弟が有人動力飛行に成功したころのデイトンを歌った〔Dayton, Ohio-1903〕を偏愛しています。

バーダマン　露骨な歌詞ばかりがよく話題になるけど、ピアノとともに奏でられる美しいメロディが素晴らしく、多くのアーティストに影響を与えています。

『セイル・アウェイ』（Reprise、1972年）

†ロックのアイコン

里中　ジミ・ヘンドリックス（Jimi Hendrix, 1942–70）にもふれておきたい。内なる声をギター・サウンドに変える才能に恵まれたアーティスト。本格的キャリアはイギリスでスタートしました。わずか4年のキャリアしかないけど、ロックのアイコンとしていまも崇められています。

バーダマン　最初は、サム・クック、リトル・リチャード、アイク&ティナ・ターナー、アイズレー・ブラザーズなどのバックアップ・ミュージシャンをつとめていたけど芽がでなかった。イギリスへ行って、ポール・マッカートニー、エリック・クラプトンから高く評価された。また、「ウッドストック・フェスティヴァル」（69年）では、最終日、大トリをつとめ、爆撃をギター・サウンドで模した〈ザ・スター・スパングルド・バナー〉（合衆国国歌）などの演奏で、ヴェトナム反戦の態度を鮮明にした。

ジミ・ヘンドリックス・エクスペリエンス『アー・ユー・エクスペリエンスト？』（Track、1967年）

里中　遊びなれたオモチャのように自由自在にギターをあやつるパフォーマンスは、残された数々のフィルムでいまも観ることができます。ディストーションのかかっ

『明日なき暴走』（Columbia、1975年）

た音を盛り込むなど、画期的な奏法でロック・ギターの可能性を大きく広げた。しかし、酒とドラッグを常用していたことから体調不良になり、27歳の若さで謎の死を遂げた（睡眠中に嘔吐したことによる窒息死と診断されている）。

バーダマン　ブルース・スプリングスティーン（Bruce Springsteen, 1949–）が登場したのは70年代。初期の作品では青春群像を活写、やがて社会的なテーマを取り込むことによって、アメリカ人の声なき声を代弁するようになり、〝ザ・ボス〟と尊称された。全米各地でくりひろげられた、聴衆と一体になった3時間ライヴはいまや伝説となっています。

里中　彼が歌う主題は、多くの場合、ヴェトナム帰還兵、さびれた製鉄所の労働者、命がけで国境を越えてきた不法入国者たちなど社会的なものでした。2000年以降、政治的発言ばかりに注目が集まるようになったけれど、75年の『明日なき暴走』、80年の『ザ・リバー』という2枚のアルバムはいまも高い評価を得ています。

バーダマン　95年のアルバム『ザ・ゴースト・オヴ・トム・ジョード』も注目を集めた。アクーステック・ギターをともなって、せつせつと歌いあげている。このトム・ジョードは、スタインベックの小説『怒りの葡萄』の主人公で、不公正な社会に対して素朴な怒りを表明する人物。ウディ・ガスリーは映画『怒りの葡萄』を見て、〔The Ballad of Tom Joad〕を発表したけど、スプリングスティーンもまたトム・ジョードの生き方に強い共感をもっているのがよくわかります。

†キング・オヴ・ポップ

里中　「ロック」が反体制的要素を含んだ音楽であるのに対し、「ポップ・ミュージック」は広く人々の共感を呼ぶ音楽といえます（「ポップス」は日本でのみつうじる表現）。

バーダマン　ポップ・ミュージックは、ロックンロールから派生して、メロディとリズムが重視された、また特定のイデオロギーに依拠しない音楽と定義することができます。

里中　その意味でいうと、やはり「キング・オヴ・ポップ」（King of Pop）は、マイケル・ジャクスン（Michael Jackson, 1958–2009）ということになるでしょうね。アメリカのみならず、世界中で愛された。CDやDVDの売り上げも群を抜いている。

バーダマン　マイケルが、ジャクスン・ファイヴの活動と並行してソロ・プロジェクトをスタートさせたのが71年。そして、あの傑作ヴィデオ『スリラー』を発表したのが83年。ずいぶん長いことショー・ビジネスの世界で活躍したけど、その音楽的クオリティの高さに目が向けられず、スキャンダルや奇行ばかりが報じられたのは残念です。マイケルは、

『スリラー』(Epic、1982年)

卓越したシンガーでありながら、すぐれたシンガー・ソングライターであり、また想像力豊かなダンサーでもあった。

里中　DVD〔ライヴ・イン・ブカレスト〕(2005年)がマイケルの非凡さを証明している。マイケルは著書『ムーン・ウォーク』(河出書房新社)のなかで、ミュージシャンとして影響を受けた人物として、ジェイムズ・ブラウン、サム&デイヴ、オージェイズなどの名を挙げているけど、誰よりもジャッキー・ウィルスンから多くを学びとったと語っている。ジャッキー・ウィルスンはモータウン・サウンドの原型をつくったソウル・シンガー。〔リート・ペティ〕〔ロンリー・ティアドロップス〕〔ハイヤー・アンド・ハイヤー〕などのヒット曲がある。しかし、彼が歴史に名を残しているのは、「歌って踊れるパフォーマー」だったから。ジャッキー・ウィルスンのダンスを見れば、マイケルが誰を手本にしたかが一目瞭然。

バーダマン　マイケルはまた、「人種差別をなくす」ことと、「苦しんでいる子どもたちを救う」ことを歌に託した。Changes start with the individual.(変化は一人ひとりの人間から始まる)というメッセージもまた、人々の共感を呼びました。

†女性のロック・ミュージシャン

里中　これまで見てきたように、ロックの中心は男性だけど、女性がいなかったわけではありません。コニー・フランシスを筆頭に、ブレンダ・リー、ワンダ・ジャクスンといったロカビリー・シンガーが生まれています。

バーダマン　コニー・フランシス（Connie Francis, 1938-）には〔ヴァケイション〕〔フーズ・ソリー・ナウ〕などのヒット曲がある。

里中　日本では〔可愛いベイビー〕の歌手として知られています。歌唱力では群を抜いていたブレンダ・リー（Brenda Lee, 1944-）には〔ダイナマイト〕〔Rockin' Around the Christmas Tree〕〔I'm Sorry〕などのヒット曲がある。

バーダマン　〔Rockin' Around the Christmas Tree〕はいまでもクリスマス・ソングの定番になっています。

里中　日本では〔フジヤマ・ママ〕の歌手として知られるワンダ・ジャクスン（Wanda Jackson, 1937-）には〔Let's Have a Party〕といった懐かしい曲があります。

バーダマン　エルヴィスにすすめられて、カントリーからロカビリーに転向したけど、その後またカントリーに戻り、自身が敬虔なクリスチャンでもあったことからゴスペルのレコードも出しているというシンガーです。

里中　60年代半ばから活躍した女性ロッカーに、ジャニス・ジョプリン（Janis Joplin, 1943-70）がいます。ヘヴィな歌声と奔放な生活でロック・レジェンドのひとりとなった。スタンダード・ナンバーをブルーズふうにカヴァーした〔サマータイム〕や、クリス・クリストファースンの〔ミー・アンド・ボビー・マギー〕などを歌って、その存在を印象づけた。

ジャニス・ジョプリン『パール』（Columbia、1971年）

バーダマン　彼女はテキサス州出身。小さなころからベッシー・スミス、オデッタ、ビッグ・ママ・ソーントンなどを聴いて育っている。ブルーズの匂いがするのはそのため。1970年、ロサンゼルスのホテルで、ヘロインの過剰摂取で亡くなりました。ジミ・ヘンドリックスの死からわずか2週間後のこと。27歳でした。

†アメリカーナ

里中　これまで、アメリカン・ルーツ・ミュージックの歴史を追ってきたわけですが、アメリカン・ルーツ・ミュージックに敬意を表した現代の音楽を「アメリカーナ」（Americana）とか「アメリカーナ・ミュージック」と呼ぶことがあります。そこで、本書のしめくくりとして、最後に「アメリカーナ」というジャンルについて話をしたいのですが、「アメリカーナ」と聞いて、すぐさま頭に浮かぶのは誰でしょう。

バーダマン　ザ・バンド（The Band）ですね。

里中　やはりね。ボブ・ディランのバック・バンドをつとめたことによって注目されましたが、彼らがつくったアルバムは、アメリカン・ルーツ・ミュージックへの敬意にあふれています。メンバー5人のうち4人がカナダ人で、アメリカ人はひとりだけ（リーヴォン・ヘルムは南部アーカンソー州の出身）ですが、アメリカの伝統的な音楽をロックの文脈のなかに取り入れたという意味において歴史に残るバンドでしょう。アメリカ人らしい単語、慣用句、語り口に、アメリカ南部の伝統や歴史観を盛り込んでアメリカーナ・ミュージックをつくりあげた。彼らの音楽は、さまざまなルーツ・ミュージックの集合体。とくに、デビュー・アルバム『ミュージック・フロム・ビッグ・ピンク』と2作目『ザ・バンド』が素晴らしい。アメリカの音楽は豊かであり、大きな可能性を秘めているということを、ザ・バンドの音楽は教えてくれた。

『ミュージック・フロム・ビッグ・ピンク』（Capitol、1968年）

バーダマン　彼らの音楽は、アメリカ人であることの、そして南部人であることの、あるいはルーツ・ミュージックを愛する者であることの「共同体意識」を感じさせるものでした。「彼らが成功すれば僕らは勝つ、彼らがしくじれば僕らは負けるということが僕らにはわかっていた」(グリール・マークス)と書いた批評家がいたぐらい、ファンは彼らとともにあった。彼らは音楽をつうじて、南部人が忘れつつあった歴史感覚やユーモア精神を提示してみせた。

里中　ザ・バンドは、世間知らずの若者を歴史と伝統の世界へと導く年老いた賢者のようでした。彼らの奏でる音楽は、技巧的にもすぐれていましたが、テクニックなどといったレヴェルをはるかに超えた高い啓示でした。

バーダマン　〈オールド・ディキシー・ダウン〉は、南北戦争の歌というよりも、ひとりのアメリカ人(ヴァージル・ケイン)がどのようにして南北戦争をかかえているかということを歌ったものですが、南北戦争にはいくつもの見方があるということを控えめに提示しています。

里中　彼らの音楽は、多くのミュージシャンから賛辞を受けました。アメリカン・ルーツ・ミュージックを愛するエリック・クラプトンは、彼らのデビュー・アルバムに言及して、「僕の人生を変えたアルバム」と絶賛した。マーティン・スコセッシが監督した彼らのフェアウェル・ライヴのドキュメンター映画『ラスト・ワルツ』(1978年)は必見。数あるミュージック・フィルムのなかでも群を抜いています。とくにロニー・ホーキンス、ドクター・ジョン、ニール・ヤング、エミルー・ハリス、ステイプル・シンガーズ、ボブ・ディランとの共演は感動ものです。

バーダマン　ザ・バンドがいかに卓越した職人ミュージシャンであったかがよくわかりますね。

里中　それから、ヴァン・ダイク・パークス（Van Dyke Parks, 1943-）にもふれておきたい。先に述べたランディ・ニューマンの楽曲に触発されて、アルバム『ソング・サイクル』を発表したあと、傑作『ディスカヴァー・アメリカ』もリリースしている。もっとも、この場合の「アメリカ」はアメリカ合衆国ではなく、アメリカ文化圏と考えたほうがよさそうですが。

バーダマン　古き良き時代のアメリカ音楽を懐しみながら、アメリカ音楽のルーツをディスカヴァー（発見）しようとしている。

里中　カリブ海の島国トリニダード・トバゴの音楽（カリプソやスティール・ドラムなど）がふんだんに入っているのもそのためでしょうね。

バーダマン　ヴァン・ダイク・パークスはまた、ビーチ・ボーイズの『スマイル』の制作にも携わっています。彼は異能の人

『ディスカヴァー・アメリカ』（Warner、1972年）

ですね。

里中　それからライ・クーダー（Ry Cooder, 1947-）。アメリカーナを志向しただけでなく、世界のルーツ・ミュージックに深く分け入っています。沖縄の俗謡にも関心を示した。

バーダマン　キューバ人音楽家とつくった『ブエナ・ヴィスタ・ソシアル・クラブ』は欧米でも日本でも高い評価を受けました。

里中　いくつもの名アルバムを残しているけど、『Bop Till You Drop』が最高。30年以上聴いているけど、聴くたびに楽しめます。

バーダマン　彼は、スライド・ギターの名手でもある。フィンガー・ピッキングにも定評があり、これらを織り交ぜたフレーズは多くのミュージシャンをうならせた。

里中　アメリカーナ・ミュージックを聴いていると、アメリカのルーツ・ミュージックがいかに豊かであるかよくわかりますね。

バーダマン　そうですね。流行のポピュラー音楽も、ルーツ・ミュージックから派生した延長線上にあるということを、ぜひ感じとっていただきたい。

里中　それを読者のみなさんにわかっていただけたら、私たちも対談した甲斐があったというものです。

バーダマン　そう願いたいものですね。

第7章　アルバム紹介

MCA, 1989

Louis Jordan　ルイ・ジョーダン
The Best of Louis Jordan

やがてロックンロールになる胞子を全米に撒いたのがルイ・ジョーダンだ。ロックンロールのレジェンドたちのなかで、ルイ・ジョーダンの影響を受けなかった者はいない。しかし、ルイ・ジョーダンの名は、彼らビッグ・ネームの陰に隠れてしまっている。〔チュー・チュー・チ・ブギ〕〔Caldonia〕など、全20曲を収録。（里）

MCA, 1973

V.A.
41 Original Hits from the Soundtrack of American Graffiti

60年代初頭のアメリカの田舎町を舞台にした青春映画『アメリカン・グラフィティ』（1973年公開）のサウンドトラック盤。ラジオDJの声、そして当時のロックンロール・ナンバーときたら、あとはイカす車だ。懐かしいアメリカの青春がここにある。選曲も申し分ない。一曲目は、そう、もちろん〔ロック・アラウンド・ザ・クロック〕だ。（バ）

Capitol, 2002

Fats Domino　ファッツ・ドミノ
The Fats Domino Jukebox: 20 Greatest Hits the Way You Originally Heard Them

ファッツ・ドミノはニューオリンズのR&Bのパイオニアであり、またR&Bをロックンロールへとつなげた功労者である。ヒット曲の多さでは、この人の右に出るシンガーはいないのではないか。大らかなヴォーカル、うねるようなピアノ、そしてなにより音楽を楽しんでいるといったふうのノリ。ファッツのエッセンスがここにある。（バ）

RCA Victor, 1956

Elvis Presley　エルヴィス・プレスリー
Elvis Presley（邦題『エルヴィス・プレスリー登場！』）

エルヴィス・プレスリーが50年代に残した録音は、ロック史を語るうえでのマスト・アイテム。なかでも、このデビュー・アルバム（1956年）には、エルヴィス・プレスリーのすべてがあるといっても過言ではない。その歌声と歌唱法は唯一無二。何を歌っても、崇高さが漂うから不思議だ。バックの演奏も何ひとつ過不足がない。（里）

Specialty, 2008

Little Richard　リトル・リチャード
The Very Best of Little Richard

ロックンロール魂を炸裂させたリトル・リチャードのベスト盤。アクセルを目いっぱい踏み込んでのシャウト。その音圧と迫力は他の追随をゆるさない。これこそが究極のロックンロールといえよう。そのヴォーカル・スタイルは、多くのミュージシャンに影響を与えたが、リトル・リチャードを超えるヴォーカリストをわたしたちはまだ知らない。（里）

Chess, 1982

Chuck Berry　チャック・ベリー
The Great Twenty-Eight

チャック・ベリーはさまざまなレーベルからベスト盤がリリースされているが、最高の輝きを放っているのは、勢いにノッているチェス時代の音源。1955年〜64年までチェス時代のヒット曲を集めたこのアルバムを聴けば、熱気に満ちたロックンロールの最盛期にあなたも立ち会えるはずだ。詩人としてのチャック・ベリーにも注目してほしい。（里）

RCA, 1992

V.A.
Sun's Greatest Hits

サン・レコード（テネシー州メンフィス）の白人アーティストを聴けば、すなわちロカビリーの歴史がわかる。エルヴィス・プレスリー、カール・パーキンス、ジョニー・キャッシュ、ジェリー・リー・ルイス、ロイ・オービスンなどのヒット曲を収録。ロカビリーを知りたければ、まずはこのアルバムから聴くことをお薦めする。（バ）

ERA, 1993

V.A.
The Brill Building Sound

1960年代前半にアメリカン・ヒット・チャートを席捲したのは、ブリル・ビルディングに集まったソングライターたちによる曲の数々だ。このボックス（CD4枚）で、キング＆ゴフィン、リーバー＆ストーラー、バリー＆グリニッチ、マン＆ワイルらの代表作が一気に楽しめる。ほとんどがオリジナル・アーティストによる音源であるのもうれしい。（里）

Capitol, 1995

The Beach Boys　ビーチ・ボーイズ
The Beach Boys Greatest Hits : 20 Good Vibrations

1960年代のキラキラ輝くアメリカを象徴するグループ、ビーチ・ボーイズ。アメリカ人で彼らのポップ・ミュージックを知らない人はいまもほとんどいない。人気だけでなく、高い音楽性もあり、経年劣化することもない。こうして20曲のヒット作を聴いていると、コーラス・ワークをはじめ、彼らがいかに卓越したグループであったかがよくわかる。(バ)

Capitol, 1969

The Band　ザ・バンド
The Band

デビュー・アルバム『ミュージック・フロム・ビッグ・ピンク』と2作目の『ザ・バンド』で、ザ・バンドはオールド・ミュージックが古びていないことを自分たちの手法で示して見せた。アメリカ音楽の伝統に敬意を払いながらも、新たなアメリカーナ・ミュージックを創出するという名人芸を披露。いぶし銀の演奏にぜひ耳を傾けてほしい。(里)

Fantasy, 1976

Creedence Clearwater Revival（CCR）　クリーデンス・クリアウォーター・リヴァイヴァル
Chronicle The 20 Greatest Hits

ジョン・フォガティを中心として、1970年前後に活躍。すべてがシンプルでストレートな反骨ロック。〔プラウド・メアリー〕〔バッド・ムーン・ライジング〕〔雨を見たかい〕などの名曲を収録。カントリーやブルーズなどの要素を取り入れた彼らの音楽は、アメリカン・ロックの真髄である。(バ)

Reprise, 1974

Randy Newman　ランディ・ニューマン
Good Old Boys

アメリカが誇るソングライターのひとり。ランディ・ニューマンというと、とかくアイロニーに満ちた歌詞がウンヌンされるが、最大の魅力は、歌詞とはなじまぬアンビヴァレントな美しいピアノ・メロディにある。寡作ではあるが、『小さな犯罪者』『セイル・アウェイ』『グッド・オールド・ボーイズ』などの傑作を数多く残している。(里)

おわりに

"Tell about the South. What's it like there. What do they do there. Why do they live there. Why do they live at all."
——William Faulkner, *Absalom, Absalom!*

南部のことを教えてくれ。そこはどんなところだい。連中は何をしているんだい。なぜ彼らはそこに住んでいるんだい。そもそもなぜそこで暮らしているんだい。
ウィリアム・フォークナー『アブサロム、アブサロム!』

母が私を身ごもったとき、両親は正真正銘の南部とはいいがたいミズーリ州に住んでいた。私が幼いころ、母はくりかえしこう語り聞かせるのだった。

「ジミー、あなたの出生地が南部になるように、わざわざメンフィスまで車を走らせたのよ。それも90マイルのでこぼこ道を」

典型的な南部男と結婚した北部イリノイ州生まれの母は、どうしてもわが子を南部で産みたかったようだ。

こうしたわけで、私の出生地はテネシー州メンフィスとなった。以後、青年期までの大半をテネシー州と、ディープ・サウス（深南部）と呼ばれるミシシッピ州で過ごしているが、大学を卒業してからは南部で暮らすことはまったくなかった。

しかし私は、いつも南部とともにあった。

どこで暮らそうが、私が南部出身であることを知った人たちは、口ぐちに南部のことをたずねるのだった。ウィリアム・フォークナー（南部の作家）が『アブサロム、アブサロム！』で書いたように。

私はこれまでずっと南部のことを研究してきた。くまなく旅をして、人々と語らい、音楽に耳を傾け、土地の料理を食べ、親類縁者を訪ね歩き、南部への理解を深めてきた。真剣に南部と向き合い、丁寧に南部のことを語ってきたつもりだ。

しかし、ひとくちに南部を「理解」するといっても、政治や経済の理解から、白人文化、黒人文化、そして不幸な過去をもつに至った歴史的経緯の把握まで、それこそ理解しなければならない事柄はたくさんある。むろん、それには奴隷制度、南北戦争、公民権運動などの時代思潮の理解も含まれる。

とはいえ、そうしたことなら、書籍、論文、調査報告から多くを知ることができよう。ただ、私の不満をいえば、南部人の心が反映されていない研究が多すぎるということだ。南部人の声が聞こえてこないのだ。

南部の歴史、そして南部人の心を知るためには、どうしても次のふたつを研究の基礎に据えなければならない。

ひとつは、南部の文学を読むこと。

そしてもうひとつは、音楽を聴くことだ。

てっとりばやく南部人のスピリットにふれたければ、ジューク・ジョイントやホンキー・トンクといった安酒場でくりひろげられる土曜の夜の音楽と、教会に響きわたる日曜の朝の音楽に耳をかたむけることだ。このふたつの音楽を聴くことで、南部人の心を垣間見ることができる。さらにいうなら、土曜の夜の音楽を聴く人は、日曜の朝の音楽を歌う人でもある。

音楽にはいわゆる〝ジャンル〟というものがあるが、楽曲であれ、ミュージシャンであれ、ジャンルによってきっちり分類されるものではない。

エルヴィス・プレスリーがはじめてレコードに吹き込んだ2曲などはそのいい例であろう。ひとつは〔ブルー・ムーン・オヴ・ケンタッキー〕という白人ブルーグラス歌手のビル・モンローの曲であったし、もう一曲は黒人ブルーズマン、アーサー・クルーダップの〔ザッツ・オール・ライト・ママ〕であった。

レイ・チャールズを例にとってみよう。彼は教会音楽からセクシーなブルーズまでなんでもこなしたが、日曜の朝の音楽に土曜の夜の歌詞を持ち込んだ最初のミュージシャンであった。レイは幼いころから、白人音楽と黒人音楽を分けて聴いたり演奏したりすることはなかったそうだ。

また、マーティン・ルーサー・キング牧師が主導した公民権運動は、白人の暴力に直面した黒人たちによる、暴力を行使しない平和的手段による抗議運動であったが、そのときであってさえ、歌は白人／黒人というジャンルを選ばなかった。

そのころよく歌われた〔アメイジング・グレイス〕は一般に黒人霊歌だと思われているが、もとはアフリカと北アメリカを航行する奴隷船の白人船長がつくった改悛の歌であった。

わたしたちは、音楽を聴くことで、それが白人のものであれ黒人のものであれ、男性のものであれ女性のものであれ、神聖なものであれ俗っぽいものであれ、さまざまな人たちの心にふれることができる。

音楽はわたしたちに深い理解を与えてくれる。それはすぐれて精神的かつ根源的なものであり、時間と空間を超えてわたしたちの心を揺さぶる力を宿している。

こうしたことを深く私に認識させてくれたのはノース・キャロライナ大学のウィリアム・フェリス教授である。ここに記して、あらためて感謝の意を表したい。

本書は、英米の大衆音楽史を研究する里中哲彦さんとの対談をまとめたものである。知的誠実さをもった氏とのやりとりが、読者のみなさんの、アメリカン・ルーツ・ミュージックの扉を開くきっかけになり、さらにはアメリカ人、とくに南部に暮らす人々の心情を理解する一助となれば望外の喜びである。ルーツ・ミュージックを学ぶ楽しさは、庶民のルーツ、すなわち根っこにある生活感情を理解することでもあるのだから。

ジェームス・M・バーダマン（James M. Vardaman）

○里中哲彦の愛聴盤

・Stevie Wonder（スティーヴィ・ワンダー）『Songs in the Key of Life（キー・オヴ・ライフ）』
・Ry Cooder（ライ・クーダー）『Bop Till You Drop（バップ・ドロップ・デラックス）』
・Paul Simon（ポール・サイモン）『There Goes Rhymin' Simon（ひとりごと）』

○ジェームス・M・バーダマンの愛聴盤

・Aretha Franklin（アリーサ・フランクリン）『I Never Loved a Man the Way I Love you（貴方だけを愛して）』
・Gregg Allman（グレッグ・オールマン）『Low Country Blues』
・Sonny Landreth（サニー・ランドレス）『South of I-10』

人名・グループ名索引

あ行

か行

さ行

た行

な行

は行

ま行

や行

ら行

わ行

#【アメリカ音楽史年表】

1607年	イギリス人による入植が始まる。
1619年	オランダ船によりヴァージニアのジェイムズタウン植民地に最初の黒人（20人）が運ばれる。彼らは奴隷としてではなく、「年季奉公人」だった。年季奉公人は通例、7年以内には自由人となり、土地を得て自立することができた。
1662年	この年までに奴隷制は法令により制度化され、1865年に廃止されるまでに、およそ64万5000人がアメリカ合衆国の地に連行された。
1740年	キリスト教を広める「大覚醒」運動が起こる。2回目の1800年のときに、多くの黒人がキリスト教に入信。ニグロ・スピリチュアル（黒人霊歌）が生みだされる契機に。
1776年	アメリカ独立宣言。 ＊独立戦争（1775-83）のころ、〔ヤンキー・ドゥードゥル〕が流行。
1790年	はじめて国勢調査がおこなわれる。人口3930万人のうち、黒人は76万人。
1808年	奴隷貿易が禁止される。にもかかわらず、1860年まで“密輸”がおこなわれた。
1830年	ミンストレル・ショーで、トーマス・D・ライス（白人）が黒人“ジム・クロウ”を演じ始める。
1847年	スティーヴン・フォスター、歌曲〔おおスザンナ〕を発表。
1855年	ミンストレル・ショーが人気を博す。
1861年 （～65年）	南北戦争。このころ国内の奴隷人口は400万人。〔ディキシー〕〔リパブリック讃歌〕が流行。
1863年	リンカン大統領によって「奴隷解放宣言」公布。
1865年	奴隷制廃止。
1866年	白人至上主義を掲げるKKK（クー・クラックス・クラン）が本格的に活動を始める。
1871年 （～78年）	フィスク大学（黒人大学）の学生たちによるフィスク・ジュビリー・シンガーズが国内外で絶賛される。
1877年	トーマス・エジソンがフォノグラフ（蓄音機）を発明。これよりレコードの商業利用に向けての歩みが始まる。

1898年	ハワイを併合。これによりハワイアンが流行。ウクレレとスティール・ギターが本土に普及する。
	＊19世紀後半、ブルーズが形づくられていく。
	＊このころから20年代半ばにかけて、ラグタイムが流行。
1913年	ヴォードヴィルが絶頂期を迎える。
1914年	第一次世界大戦勃発（18年まで）。
1915年	このころ「ジャズ」という言葉が定着し始める。
1919年	「禁酒法」成立。翌20年より施行され、33年までつづく。
1920年	婦人参政権が実現。
	ラジオの民間放送が始まる。27年には、全世帯の4分の1がラジオを所有するようになる。
	＊1920年代、円盤レコードと蓄音機が広く市場に出回り始める。
1923年	ベッシー・スミスの〔ダウン・ハーテッド・ブルーズ〕が80万枚の売り上げを達成。
1925年	マイクロフォンが導入され始める。これにより、「クルーナー・スタイル」という繊細な歌いまわしが録音可能に。
1927年	最初のトーキー映画『ジャズ・シンガー』公開。
	＊1920年代後半、シカゴのバプティスト教会でゴスペルが形づくられる。
1930年	カーター・ファミリーが人気を博す。
1934年	ニューヨーク（ハーレム）のアポロ・シアターが黒人音楽文化の象徴的存在となる。
	マヘリア・ジャクスンが初レコーディング。
	＊1930年代は、ジャズ界の大物、デューク・エリントン、ベニー・グッドマンなどが活躍。
1937年	ベッシー・スミス、死去（43歳）。
1938年	ロバート・ジョンスン、死去（27歳）。
1939年	第二次世界大戦勃発（45年まで）。
	マ・レイニー、死去（53歳）。
1941年	マディ・ウォーターズが初レコーディング。
	＊40年代に入ると、エレクトリック・ギターが普及し始める。
1943年	ナット・キング・コールが初レコーディング。

1945年	50年代前半にかけて、ハンク・ウィリアムズが活躍。
1947年	50年代半ばにかけて、ルイ・ジョーダンが人気を博す。
1948年	LPレコードが初めて市販される。
1949年	TVが一般家庭に浸透しはじめる。55年には65パーセントの家庭がTVを所有するに至る。
1951年	アラン・フリード（ディスク・ジョッキー）がみずからの番組名に「ロックンロール」を入れ、まもなくロックンロールがジャンル名として浸透し始める。
1954年	エルヴィス・プレスリーが〔ザッツ・オール・ライト〕を録音。
1955年	レイ・チャールズの〔アイヴ・ガット・ア・ウーマン〕が大ヒット。ソウル・ミュージックが誕生する。
	映画『暴力教室』の主題歌〔ロック・アラウンド・ザ・クロック〕が大ヒット。
	ニューポート・ジャズ・フェスティヴァルでマイルス・デイヴィスが衝撃的な演奏を披露。
	チャック・ベリーの〔メイベリーン〕がヒットする。
	アラバマ州モンゴメリーで、ローザ・パークスという黒人女性が白人に席を譲るようバスの運転手に命じられたが、席を立つことを拒否。これがきっかけとなって、黒人たちがバス・ボイコット運動を展開。
1956年	エルヴィス・プレスリーが〔ハートブレイク・ホテル〕でメジャー・デビュー。前代未聞の大きな衝撃を与える。
	市営バスの座席における人種差別は違憲であるとの判決を連邦最高裁判所が下し、公民権運動の気運が高まる。
	ジェイムズ・ブラウンが〔プリーズ、プリーズ、プリーズ〕を発表。
	アリーサ・フランクリンがデビュー。
	ジェリー・リー・ルイスがデビュー。
1957年	サム・クックの〔ユー・センド・ミー〕が全米1位。
1958年	チャック・ベリーの〔ジョニー・B・グッド〕が大ヒット。
1959年	ジェイムズ・ブラウンの〔トライ・ミー〕が大ヒット。
	ニューポート・ジャズ・フェスティヴァルでマヘリア・ジャクスンが熱唱。

	ビリー・ホリデイ、死去（44歳）。
1962年	ボブ・ディランがデビュー・アルバム『ボブ・ディラン』を発表。また、キューバ危機に触発されて〔はげしい雨が降る〕を書く。
	ビーチボーイズがデビュー・アルバム『サーフィン・サファリ』を発表。
1963年	マーティン・ルーサー・キング・Jr.牧師が「ワシントン大行進」を先導、「I Have A Dream」演説をおこなう。
	ダラスでジョン・F・ケネディ大統領が暗殺される。
1964年	ボブ・ディラン、アルバム『時代は変わる』を発表。
	ビートルズが「エド・サリヴァン・ショー」に出演。アメリカにビートルズ旋風が起こる。
	シュープリームスの〔愛はどこへ行ったの〕が大ヒット。
	サム・クック、LAのモーテルで射殺される（33歳）。
1965年	アメリカ軍、北爆開始。ヴェトナム戦争が激化。
	公民権運動活動家、マルコムXが演説中に暗殺される。
	サム・クックの〔ア・チェンジ・イズ・ゴナ・カム〕が公民権運動と連動してヒットする。
	ジェイムズ・ブラウンによって「ファンク」が誕生する。
1966年	サイモン&ガーファンクルの〔サウンド・オヴ・サイレンス〕が全米1位。
1967年	アリーサ・フランクリンの〔リスペクト〕が全米1位。
	カリフォルニアでモンタレー・ポップ・フェスティヴァル開催。
	ウディ・ガスリー、死去（55歳）。
	オーティス・レディング、死去（26歳）。
	＊このころニューヨークでブーガルーが流行。
1968年	マーティン・ルーサー・キング・Jr.牧師が暗殺され、全米125都市で暴動。ジェイムズ・ブラウンがTVやラジオをつうじて呼びかけた地域は暴動が抑制される。
1969年	ニューヨーク州で、ロックを中心とした野外コンサート「ウッドストック・ミュージック・アンド・アート・フェスティヴァル」開催。約40万人の観客が集まり、カウンター・カルチャーを象徴する歴史的なイヴェントに。

1970年	ジャクスン・ファイヴがデビュー。 ジミ・ヘンドリックス、死去（27歳）。 ジャニス・ジョプリン、死去（27歳）。
1971年	ヴェトナム反戦デモが全米に波及。 マーヴィン・ゲイの〔ホワッツ・ゴーイン・オン〕が大ヒット。 ルイ・アームストロング、死去（69歳）。
1972年	マヘリア・ジャクスン、死去（60歳）。
1973年	スティーヴィ・ワンダーの〔迷信〕が全米1位。
1975年	ヴェトナム戦争終結。
1976年	スティーヴィ・ワンダーのアルバム『キー・オヴ・ライフ』が全米1位。 ＊このころニューヨーク・パンクが隆盛。
1977年	アレックス・ヘイリー原作のTVドラマ『ルーツ』が大きな話題となる。 イーグルスの〔ホテル・カリフォルニア〕が全米1位。 エルヴィス・プレスリー、死去（42歳）。
1979年	ソニーがウォークマンを発売。
1981年	MTV開局。
1982年	CD製品の生産開始。
1983年	マイケル・ジャクスンの『スリラー』が空前の大ヒット。「史上もっとも売れたアルバム」となる。これよりマイケルは「キング・オヴ・ポップ」として君臨する。 マディ・ウォーターズ、死去（70歳）。
1984年	マーヴィン・ゲイが父親に射殺される（44歳）。 プリンス&レヴォリューションの『パープル・レイン』が全米1位。
1985年	アフリカの飢餓救済のための「ライヴ・エイド」が開催。「1980年代のウッドストック」といわれたが、その規模をはるかに超えるものとなった。 ＊1970年半ばに誕生したヒップホップ（ラップ）が、このころ広く浸透する。
1986年	CDの売上がLPを追い抜く。
1988年	N. W. Aがデビュー・アルバム『ストレイト・アウタ・コ

	ンプトン』を発表。
1990年	サラ・ヴォーン、死去（66歳）。
1991年	ニルヴァーナ『ネヴァー・マインド』が大ヒット。グランジが流行する。
	マイルス・デイヴィス、死去（65歳）。
1995年	ディアンジェロがデビュー・アルバム『ブラウン・シュガー』を発表。
1996年	ジェイ・Zがデビュー・アルバム『リーズナブル・ダウト』を発表。
	エラ・フィッツジェラルド、死去（79歳）。
1997年	ガース・ブルックスが25万人のフリー・コンサート開催。
1998年	カール・パーキンス、死去（65歳）。
	フランク・シナトラ、死去（82歳）。
2001年	iPod発売。
2004年	カニエ・ウェストがデビュー・アルバム『ザ・カレッジ・ドロップアウト』を発表。
	レイ・チャールズ、死去（73歳）。
2005年	Youtubeがサービス開始。
2006年	ジェイムズ・ブラウン、死去（73歳）。
2009年	マイケル・ジャクスン、死去（50歳）。
2011年	音楽配信サービスSpotifyがアメリカ進出。
2014年	ピート・シーガー、死去（94歳）。
2015年	B・B・キング、死去（89歳）。
2016年	プリンス、死去（57歳）。
2017年	チャック・ベリー、死去（90歳）。
	チャンス・ザ・ラッパーが音源を発売していないアーティストとして初めてグラミー賞を受賞。
	アメリカにおける音楽売上で、ヒップホップ／R&Bがロックを抜く（ニールセン・ミュージック調べ）。
2018年	ケンドリック・ラマー、ピューリッツァー賞受賞。
	アリーサ・フランクリン、死去（76歳）。
	韓国の防弾少年団（BTS）が、アルバム『LOVE YOURSELF 轉 'Tear'』で、アジア圏のアーティストとして初めて全米チャート「ビルボード200」で1位を獲得。

【アメリカ音楽の主な流れ①　1800 年代〜1920 年代】

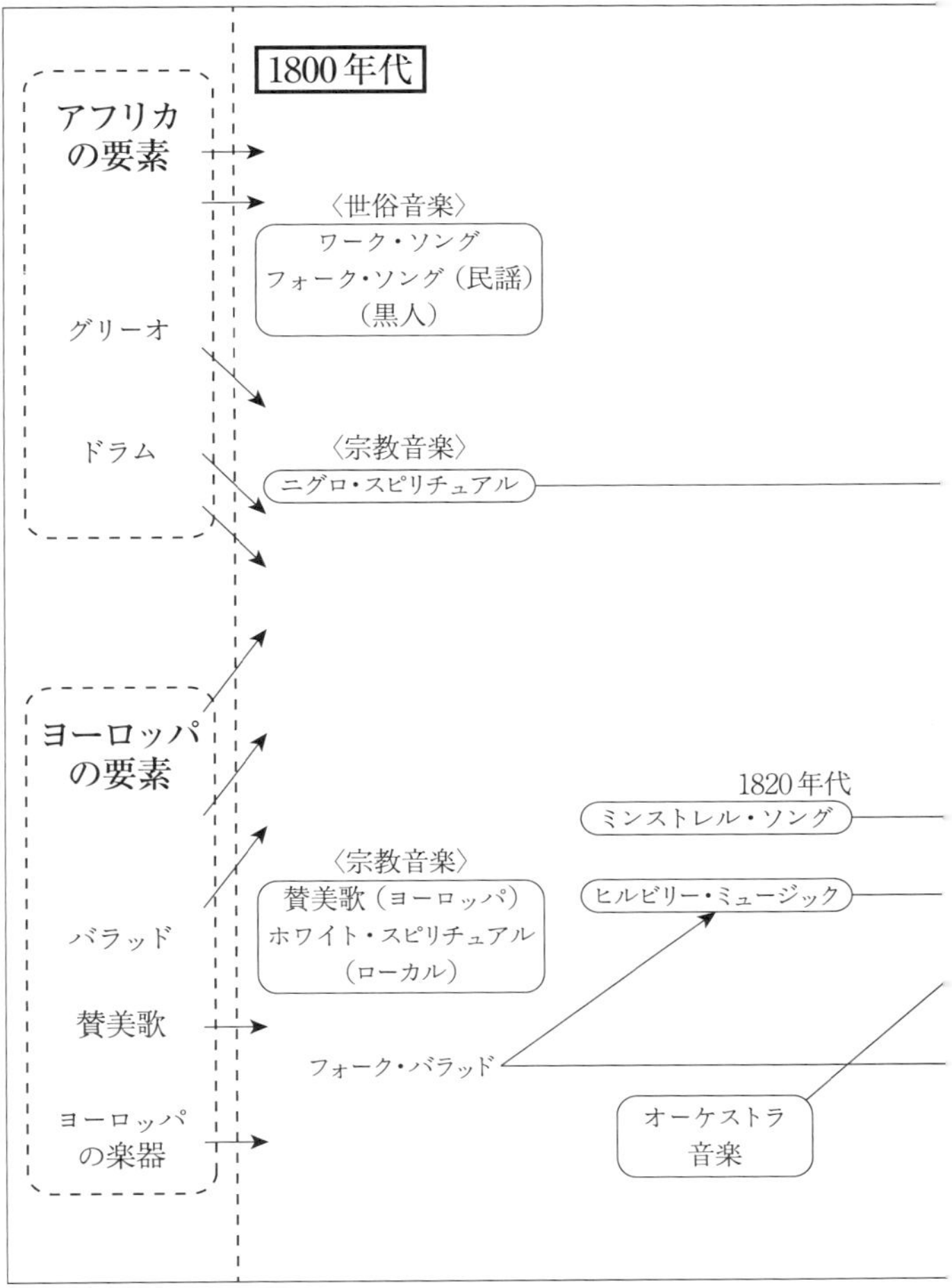

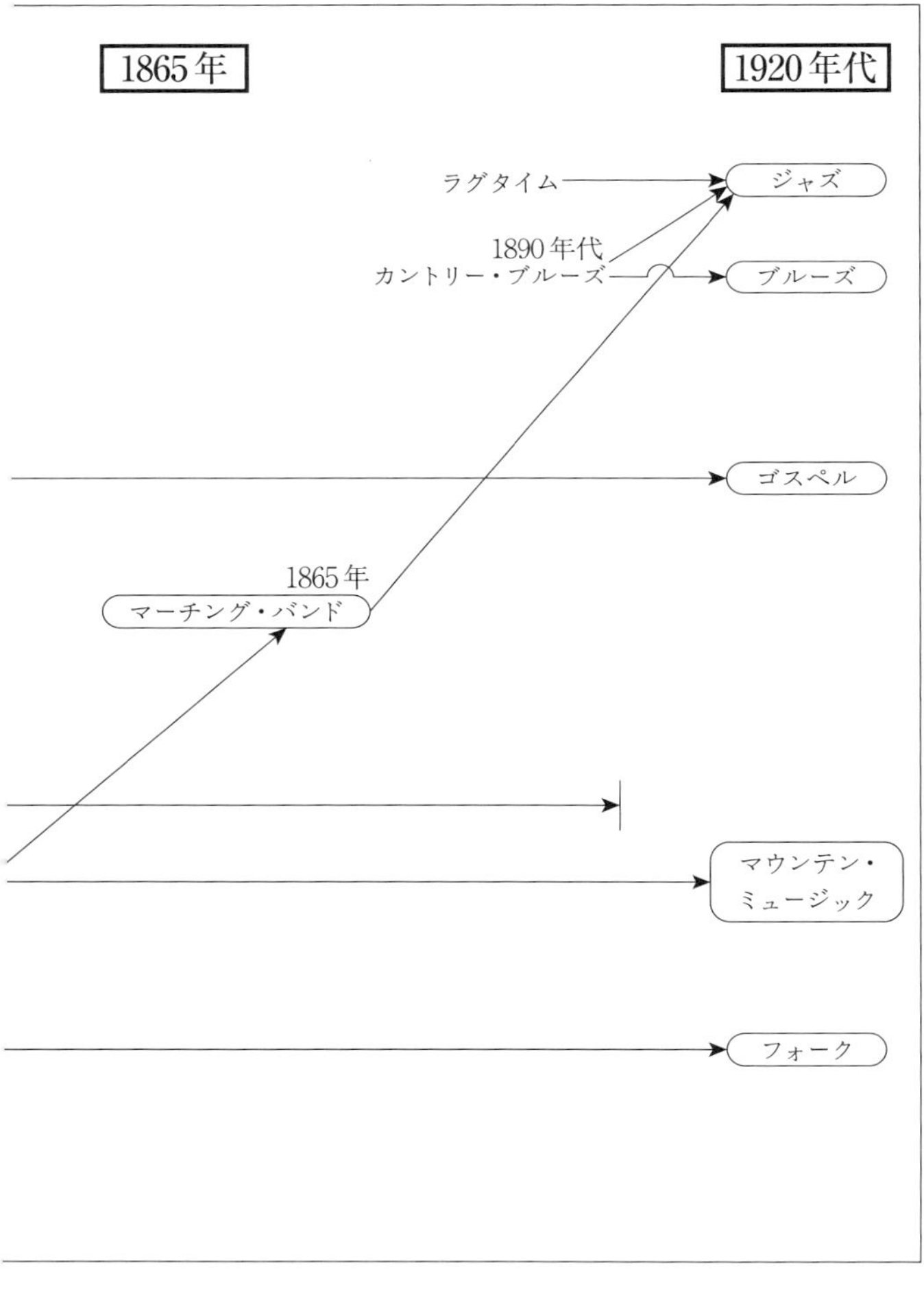
1865年
1920年代
ラグタイム
ジャズ
1890年代
カントリー・ブルーズ
ブルーズ
ゴスペル
1865年
マーチング・バンド
マウンテン・
ミュージック
フォーク

【アメリカ音楽の主な流れ② 1920年代〜現在】

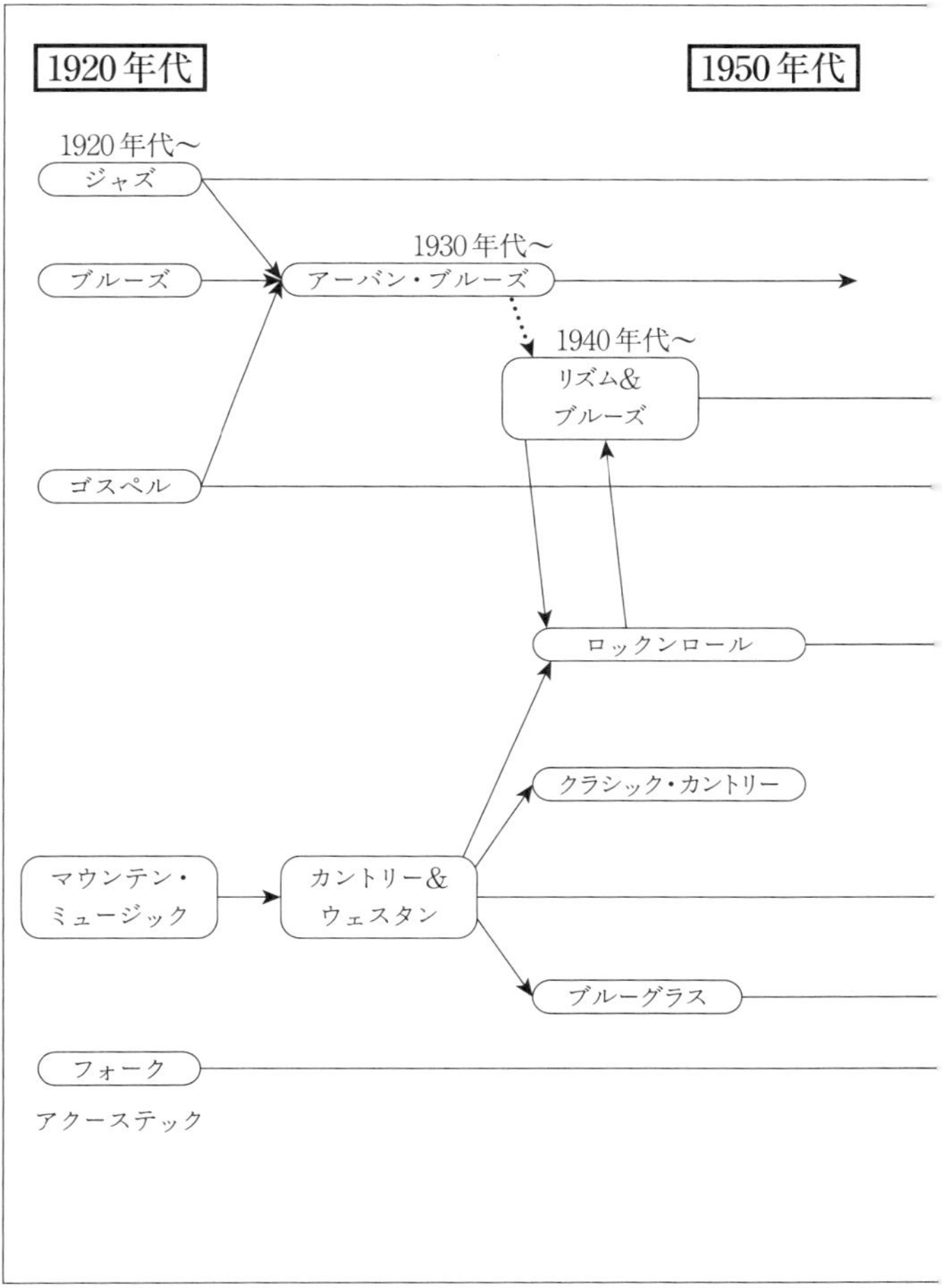

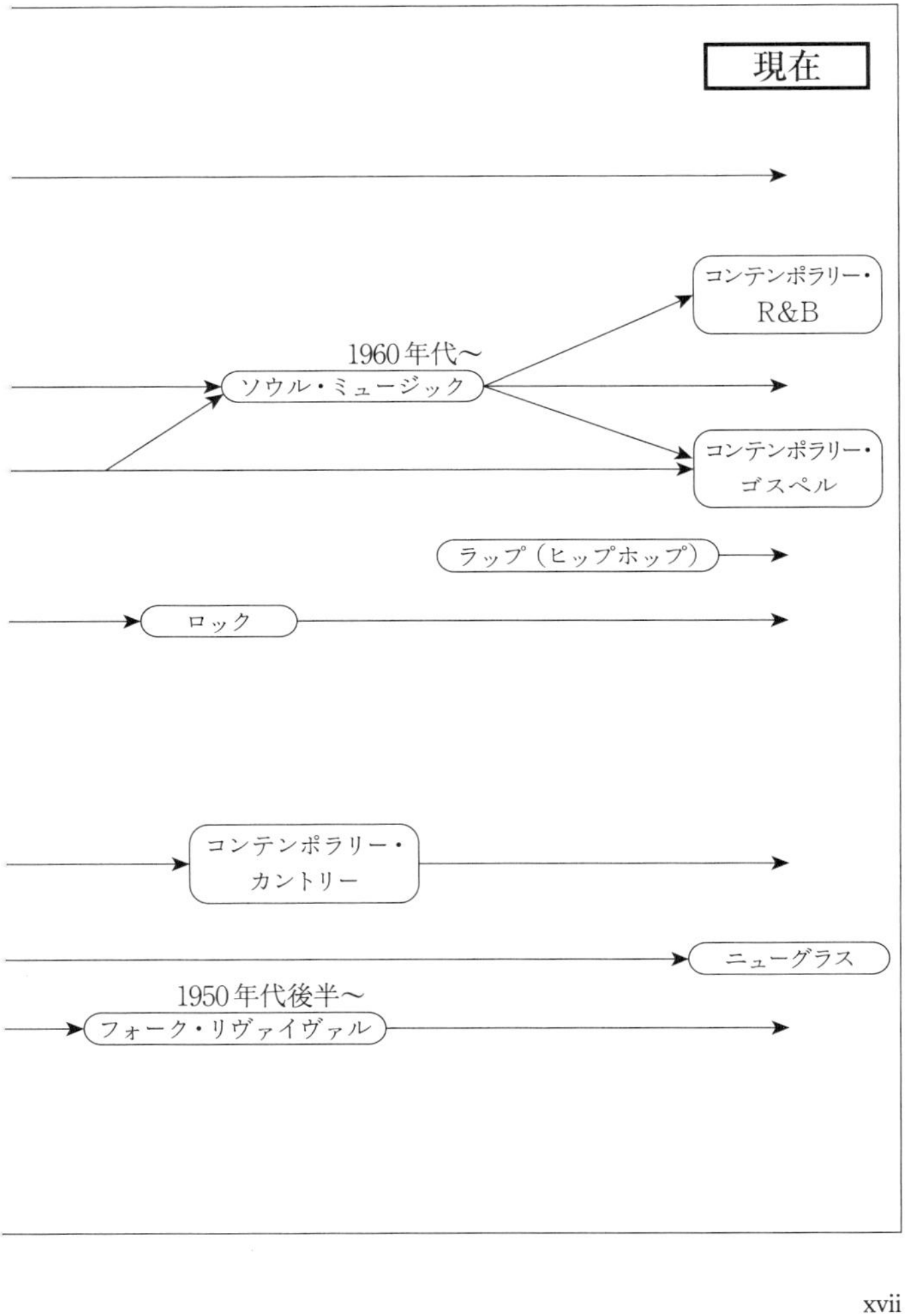

現在
コンテンポラリー・R&B
1960年代〜
ソウル・ミュージック
コンテンポラリー・ゴスペル
ラップ（ヒップホップ）
ロック
コンテンポラリー・カントリー
ニューグラス
1950年代後半〜
フォーク・リヴァイヴァル

ちくま新書
1376

はじめてのアメリカ音楽史《おんがくし》

二〇一八年一二月一〇日　第一刷発行
二〇二五年　六　月二〇日　第二刷発行

著　者　ジェームス・M・バーダマン
里中哲彦（さとなか・てつひこ）

発行者　増田健史

発行所　株式会社　筑摩書房
東京都台東区蔵前二‐五‐三　郵便番号一一一‐八七五五
電話番号〇三‐五六八七‐二六〇一（代表）

装幀者　間村俊一

印刷・製本　株式会社　精興社

ISBN978-4-480-07193-4 C0273

ちくま新書

1234
デヴィッド・ボウイ ――変幻するカルト・スター
野中モモ

ジギー・スターダストの煌びやかな衝撃、『レッツ・ダンス』の世界制覇、死の直前に発表された『★』……常に変化し、世界を魅了したボウイの創造の旅をたどる。

1252
ロマン派の音楽家たち ――恋と友情と革命の青春譜
中川右介

メンデルスゾーン、ショパン、シューマン、リスト、ワーグナー。ロマン派の巨人の恋愛、友情そして時代の波が絡み合い、新しい音楽が生まれた瞬間を活写する。

1193
移民大国アメリカ
西山隆行

止まるところを知らない中南米移民。その増加への不満がいかに米国社会を蝕みつつあるのか。米国の移民問題の全容を解明し、日本に与える示唆を多角的に分析する。

1311
アメリカの社会変革 ――人種・移民・ジェンダー・LGBT
ホーン川嶋瑤子

「チェンジ」の価値化――これこそがアメリカ文化の柱である。保守とリベラルのせめぎあいでダイナミックに動く、平等化運動から見たアメリカの歴史と現在。

1286
ケルト 再生の思想 ――ハロウィンからの生命循環
鶴岡真弓

近年、急速に広まったイヴェント「ハロウィン」。この祭りに封印されたケルト文明の思想を解きあかし、古代ヨーロッパの精霊を現代へよみがえらせる。

1230
日本人の9割が間違える英語表現100
キャサリン・A・クラフト
里中哲彦編訳

教科書に載っていても実は通じない表現や和製英語など、日本人の英語は勘違いばかり！　長年日本人の英語に接してきた著者が、その正しい言い方を教えます。

1313
日本人の9割が知らない英語の常識181
キャサリン・A・クラフト
里中哲彦編訳

日本語を直訳して変な表現をしていたり、あまり使われない単語を多用していたり、日本人の英語はまだまだ勘違いばかり。10万部超ベストセラー待望の続編！